なぜ、エグゼクティブはアスライフで不動産を買うのか？

坂口浩聡
SAKAGUCHI HIROAKI

坂梨愛
SAKANASHI AI

幻冬舎MC

なぜ、エグゼクティブは
アスライフで不動産を買うのか？

はじめに

経営者や医師、外資系金融機関の社員など、エグゼクティブの資産形成手法として不動産投資は広く知られています。

不動産投資の代表的な強みといえば「銀行融資という他人資本を使って投資できる」「毎月の家賃収入と売却時の利益の両取りが狙える」「節税効果がある」などが挙げられますが、エグゼクティブの投資家にとって特に大きな関心となるのが節税効果です。所得税＋住民税の税率は年収１８００万円超えで50％、４０００万円超えでは55％に達します。収益不動産を活用して、税金対策を行うことはエグゼクティブにとって必須ともいえます。

しかし、メリットを感じて不動産投資を始める人が増える一方で、悪徳業者と付き合ったあげく損をしている人も数多くいます。

失敗の要因は「買うこと」だけを目的としているところにあると感じています。不動産投資では購入はあくまでスタートであり、きちんと管理運営して売却まで見据える必要があるのです。

そのためには数字だけを見るのではなく、安定的に稼働する物件を選定しなくてはなりません。投資家にとって価値のある物件であるのはもちろん、入居者にとっても魅力的な物件でなくてはいけないのです。

また、不動産投資は長期スパンの投資ゆえに、パートナーとなる不動産業者の選定が肝となります。その際には目先の利益だけでなく、その投資家に寄り添って長いスパンの人生設計をともに描こうという姿勢が感じられる不動産業者を選ぶことが大切なのです。

私たちアスライフは投資家に対して、ただ物件を売るのではなく豊かな人生を送るために何が最善なのかを考えてコンサルティングを行っています。

収益不動産の売買のみならず管理を強みとしており、創業8年で管理戸数は１５００室を超え、ここ何年かは毎年３００室ペースで増えています。管理を行う１５００室の入居率は97％、つまり３％しか空室がない状況です。売っておしまいの業者が散見されるなか、こうした存在はまれであるという声を多くいただいております。

私たちの「運用哲学」は、顧客の利益に徹底的にこだわるところです。購入を入口としたら、運用はもちろん、出口にあたる売却までワンストップでサポートできます。もちろん、必要に応じて投資規模拡大の提案もいたします。


アスライフは社会的地位のあるエグゼクティブの経営者・サラリーマンに特化しており、長期にわたる資産形成のサポートを行うノウハウと実績があります。

本書はこれから不動産投資を始めたいエグゼクティブの皆さんの一助になればという思いで執筆いたしました。あなたの成功のお役に立てるところがあれば、著者としてこれに勝る喜びはありません。

目次

第1章

不動産投資の有用性とアスライフの運用哲学

第2章 手堅い「副収入」と「合法的節税」で資産形成

第3章 収益不動産活用でエグゼクティブが得られる凄い節税効果

第5章

有利な金利と期間でローンを組む資金調達術

第6章 オーナーは物件を「ほったらかし」でも良いアスライフの運用管理

第7章 顧客の事情に合わせたアスライフの売却戦略

第8章 収益不動産活用で安定運用を実現した経営者・高額所得者たち

序章

なぜ、不動産投資をすべきなのか

サラリーマンにも経営者にも厳しい時代

従来の日本企業の終身雇用については「もはや崩壊している」と言われています。とくに印象深いのは2019年5月に発表されたトヨタ自動車社長と経団連会長の発言ではないでしょうか。

「終身雇用を前提にすることが限界になっている」（経団連の中西宏明会長・日立製作所会長）

「雇用を続ける企業などへのインセンティブがもう少し出てこないと、なかなか終身雇用を守っていくのは難しい局面に入ってきた」（トヨタ自動車豊田章男社長）

いってみれば、戦後の経済発展を支えてきた日本企業が、相次いで「終身雇用」という仕組みが続かないと明かしたことになります。正社員として雇用した社員を定年退職まで雇い続ける終身雇用制度は、日本独特のもので「制度」とは呼ばれていますが、法令に基づいたものではありません。

「入社してからコツコツ働き続ければ、一生食うには困らない」という長期雇用の慣行が本格的に普及したのは戦後からですが、その原型は戦前・戦中期にあったといわれています。

当時、工場で働く技術者たちは、より給料の高い職場へ転職するのが一般的でした。そこで、企業が優秀な人材の流出を防ぐため終身雇用制度が生まれました。

こうした動きは工場労働者のみならず、いわゆるホワイトカラーにもいきわたり、日本に定着しました。メリットは安定です。正社員からすれば、一生雇ってもらえるわけですから仕事と収入が保証されます。一方、企業からしても人材確保ができました。

ところがバブル崩壊後の１９９６年に労働者派遣法が改正されました。これにより

26業務の労働者派遣が認可され、1999年には派遣適用対象業務が事実上自由化（一部を除く）されたことにより、派遣労働者が増えました。つまり、企業側が終身雇用制度の対象である正社員の数を減らしたのです。

そもそも終身雇用制度は、企業の業績が右肩上がりに成長することを前提に考えられています。現在の日本市場は少子高齢化により縮小傾向にあるため、戦後の経済成長期と同じような成長を見込める企業は少ないのが現実です。

経営者側に立ったとき、その実情を肌で感じるというケースは多いと思います。つまり、サラリーマンからしたら「会社はあてにならない」、経営者からしても「会社を永続的に成長させるのは不可能だ」ということなのです。

高年収の世帯も意外にお金がない

このような日本企業の動きに対して、「では外資系企業ならいいのか」というと、もちろんそう単純な話ではありません。

外資系企業は高年収が得られることが多い反面、安定はありません。というのも終身雇用の概念がないからです。業績が悪化している場合、日本の企業では人材を確保したまま、ボーナスや基本給を減らすことで調整します。

対して外資系企業は徹底した成果主義ですから、成果を出している人の高給を下げず、成果の出せていない人をリストラして人件費をカットします。なぜなら成果が出せる優秀な人材は確保したいからです。

また、家族のことを考えたとき、教育費だってバカになりません。日本は家庭で負担する教育費の割合が先進国のなかでも高いことが有名です。

経済協力開発機構（ＯＥＣＤ）が２０１８年9月に発表した、各国の教育機関や教育・学習の効果、教育への支出と人的資源などについて国際比較したＯＥＣＤインディケータ「図表でみる教育」の２０１８年版（Education at a Glance 2018）によると、子ども１人あたりの教育費は、日本は小学校から大学までに１万２１２０ドルかかるとされています。これはＯＥＣＤ平均の１万３９１ドルを上回っています。

それにもかかわらず、教育費の公的支出の割合が極端に低いのが特徴となっています。２０１５年のＯＥＣＤ加盟国において、国内総生産（ＧＤＰ）のうち小学校から大学までの教育機関に対する公的支出の割合は、日本は２・９％で34カ国最下位という結果でした。なお、ＯＥＣＤ加盟国の平均は４・２％です。

この調査では、日本の国公立大学などの授業料は海外に比べて高く、奨学金の利用者が卒業時に抱える負債を返済するのに最長で15年かかっており、「加盟国のなかで最も重い」と指摘されました。

これらのデータから読み取れることは、高い教育費のうち公的資金で賄われる割合が著しく低く、家庭が負担しているということです。

これはむしろ年収が高くなるほど顕著といえます。高年収の世帯ほど両親の学歴が高く、子どもに対しても私立の一貫校など好条件の教育を施したいと思うため、平均的なサラリーマン家庭よりも負担額は大きくなるのです。

一般的に年収1000万円を超えてくると高年収といわれます。当然それなりに大きな企業で、責任のある役職に就いている人が多いでしょう。サラリーマンの平均年収が400万円程度であることを考えると、かなり稼ぎがいいといえます。しかし、税金負担も増えてくるなかでの高い教育費が家計を圧迫します。

文部科学省より2017年に発表された「平成28年度子供の学習費調査」による幼稚園、小学校、中学校、高校の費用は以下の通りです。

●学習費総額（年額）（保護者が子どもの学校教育および学校外活動のために支出した経費の総額）

公立幼稚園：約23万4000円／私立幼稚園：約48万2000円

公立小学校：約32万2000円／私立小学校：約152万8000円

公立中学校：約47万9000円／私立中学校：約132万7000円

公立高等学校（全日制）：約45万1000円／私立高等学校（全日制）：約104万円

幼稚園（3歳）から高校までの15年間について、各学年の学習費総額を単純合計すると、全て公立に通った場合では約540万円、すべて私立に通った場合では約1770万円となります。

また大学の費用は独立行政法人日本学生支援機構「平成26年度学生生活調査」によると以下のとおりです。

●大学学部（昼間部）の1年間の学費（授業料、その他の学校納付金、修学費、課外活動費、通学費の合計）
国立大学：約64万7700円／公立大学：約66万6300円
私立大学：約136万1600円

前述の文部科学省「平成28年度子供の学習費調査」では、世帯の年収別に塾や習い事といった学校外活動費を見ると、世帯の年間収入が増加するにつれて学校外活動費が増加する傾向が見られました。

特に高等学校（全日制）においては、公立・私立ともに世帯の年収による学校外活動費支出の差が大きいという結果が出ました。

世帯年収「400万円未満」と「1200万円以上」を比較した場合、公立高等学校（全日制）では約4・2倍（約30万円）、私立では約3・7倍（約34万円）の差が見られました。

つまり、学校に支払う費用だけでなく、塾や習い事への費用は高年収世帯ほど負担

世帯年収による学校外活動費（塾・習い事）

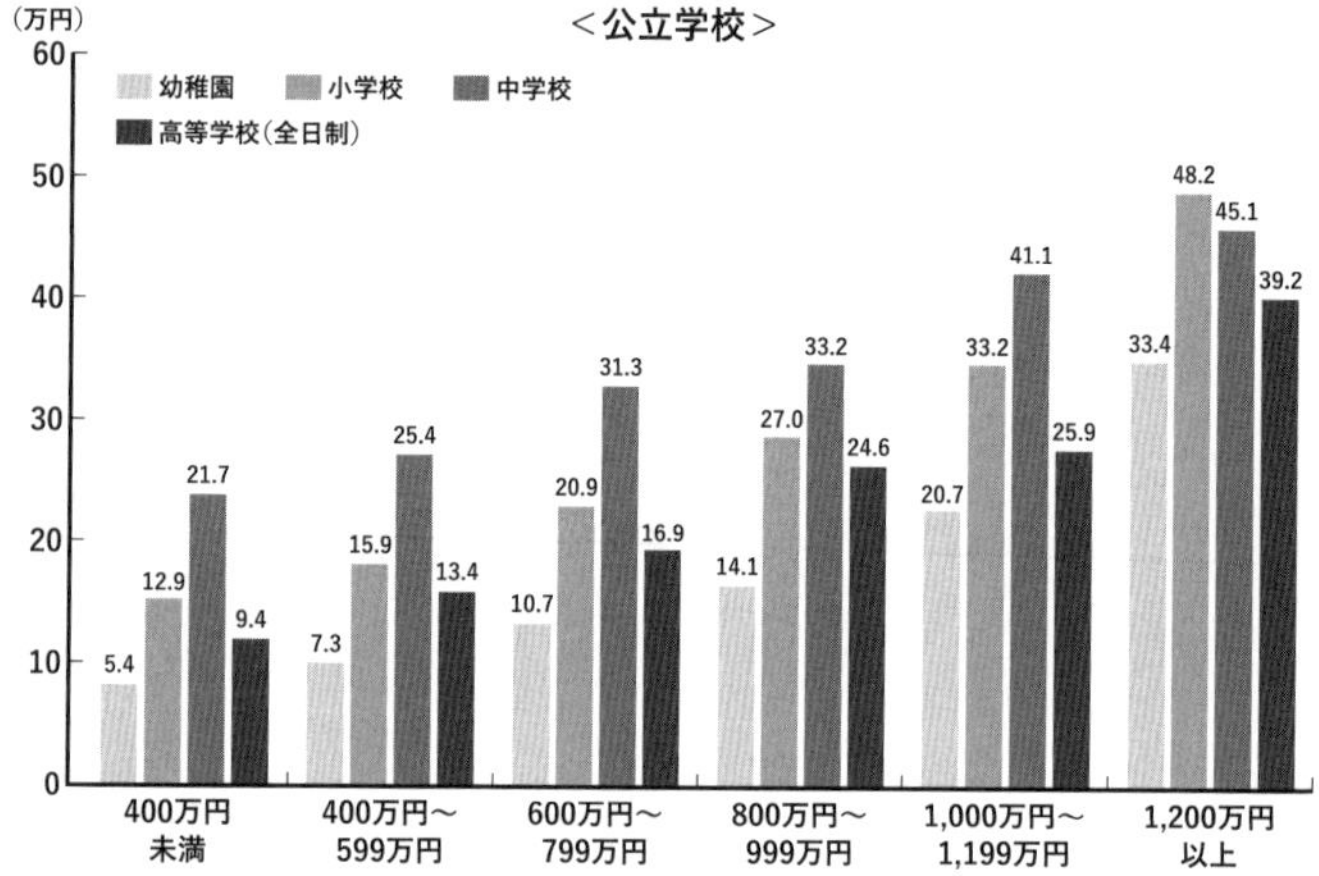

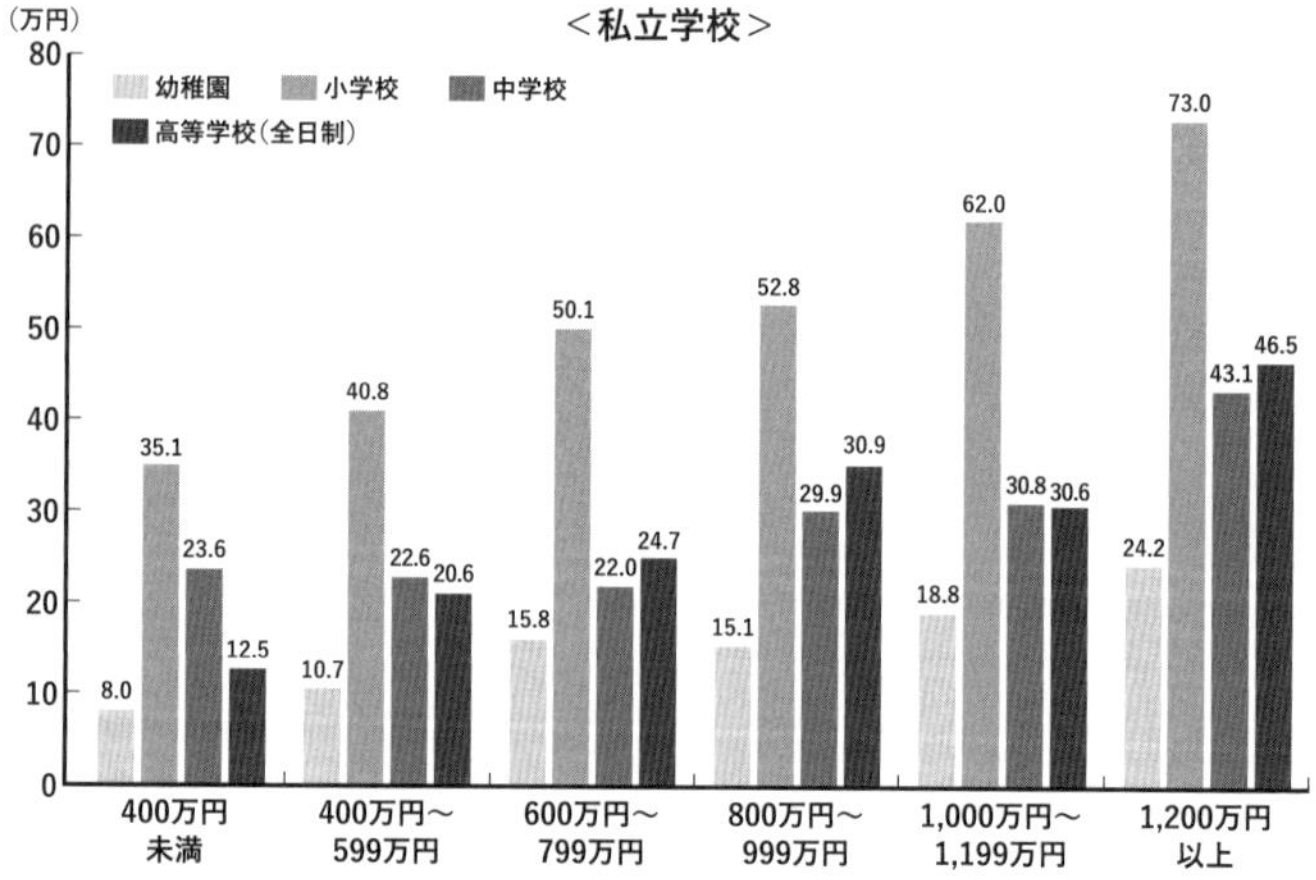

出典：文部科学省「平成28年度子供の学習費調査」

額が大きいということです。

実際、私立の中学に通わせようとすると、受験のための塾は必須です。それも小学校4年生ごろから通い出すことが多いため、公立小学校の学費の何倍もの費用がかかります。そのような理由から、一般的には高年収だと思われている1000万円に達しても、教育費のせいで「大貧乏」になっている家庭は多くあるのが実態なのです。

多くのビジネスパーソンは年収1000万円を目標にしており、「年収1000万円になれば、豊かな生活が送れる」と考えています。もちろん、実家住まいの独身や、夫婦共働きでそれぞれ年収1000万円以上があり、子どもがいないなどの状況なら、お金に困る生活を送らなくても済むでしょう。

しかし、住宅ローンを抱え、子どもが私立に行って、奥様が専業主婦だったら、相当苦しい生活になるはずです。

インフレ・大増税・大倒産時代の難局を乗り切るには収益不動産は不可欠

経営者・高額所得者を悩ませる問題は山積みです。政府・日銀は一体となって物価上昇を目指しています。確かに日々の生活では物価が上がっていると実感することが増えてきました。それでも給与は上がらないため、生活が厳しくなっています。

昨年の消費税増税も家計へ影響を与えています。企業からすればエンドユーザーの買い控えが懸念されており、業種によるところが多いですが消費税対応へのコストも含め影響を与えていることでしょう。

そんなときに心強い味方になるのが収益不動産です。収益不動産には大きく分けて3種類あります。

・居住用不動産：アパート・マンション・貸家など、居住用の不動産。レジデンスともいわれる。
・事業用不動産：オフィスや店舗など事業用に用いられる不動産。
・そのほかの不動産：駐車場、トランクルーム、太陽光などさまざまな種類がある。

私がお勧めするのは居住用の不動産ですが、そのなかで区分所有（建物の1室を所有）と1棟所有（建物全体を所有）する購入方法があります。さらには新築・中古、購入エリアなど選択肢が多いのが特徴です。

物件の選定方法はおって解説しますが、収益不動産から安定的な家賃収入を得ることで、本業を支える強力なキャッシュポイントとなるのです。

弊社のお客様に、シリコンバレーに本社がある外資系企業に勤めている方がいます。東京とシリコンバレーを行き来していて、ＩＴ関係のシステムの販売をしています。単価も高く、一案件を売れば歩合で数百万円というお金が入ってきたそうです。しかし、成績やノルマが非常に厳しいという側面があり、そのお客様も「短期間でたくさん稼いで、そのうちに不動産を買って仕事を辞めたい」というご要望でした。このようなケースはよく見受けられます。

その方は株式投資も行っていたため、一部を売って得た5億円ほどの原資を元手に20戸ほど購入し、今では会社を辞めてご自身でコンサルティング会社を立ち上げています。奥様が公認会計士ということもあり、法人化されたあともかなり賃料収入が入ってきています。生活もかなり悠々自適に過ごされています。

経営者・高額所得者が収益不動産の活用に向いている理由

なぜ経営者・高額所得者が収益不動産の活用に向いているかといえば、いくつかの理由がありますが、代表的なものに節税効果が挙げられます。

ご存じのように高年収になればなるほど、所得税の負担は厳しくなっていきます。例えば年収3000万円にもなると、半分は税金で持っていかれます。これはさすがに不満どころではなく、本格的に「何とかしなくては」と思うレベルでしょう。

弊社のお客様にも、年収3000万円以上の方は多数いますが、そのなかに職業がプロスポーツ選手という方がいます。名前は伏せますが、かなり有名な選手で年収6000万円ほど、予定納税で1000万円もかかるということで相談にきました。

プロスポーツ業界だと、普通のサラリーマンよりも経費にできるものは多くありますが、やはり税金は高いわけです。

そして何より、プロ選手である以上、サラリーマンのように60歳過ぎまで現役でいるのは不可能です。その方は35歳でプロ選手としての収入はなくなるだろうと思っていて、そこまでに何とか他の方法で収入を築く方法を見つけなくては、と悩んでいました。

実際、プロスポーツ選手というのは、そうした悩みを持つ集団ともいえるでしょう。そのため、年収がピークのときに収益不動産をいくつか購入し、そこで節税をしながらキャッシュフローも出して資産形成するケースが珍しくありません。

同じようなことは、スポーツ選手だけでなく芸能関係の仕事に就いている人にも当てはまります。タレントや俳優なども人気商売ですので、ごく一部の例外を除けば、1年後でさえ仕事が安定的に入ってくるか分からないものです。

ちなみに、そうした属性の方々（長期的に仕事の保証がない方々）でも、年収が高け

所得税の速算表

課税される所得金額	税率	控除額
195万円以下	5%	0円
195万円を超え　330万円以下	10%	97,500円
330万円を超え　695万円以下	20%	427,500円
695万円を超え　900万円以下	23%	636,000円
900万円を超え　1,800万円以下	33%	1,536,000円
1,800万円を超え4,000万円以下	40%	2,796,000円
4,000万円超	45%	4,796,000円

（注）例えば「課税される所得金額」が700万円の場合には、求める税額は次のようになります。700万円×0.23-63万6千円=97万4千円

※ 平成25年から令和19年までの各年分の確定申告においては、所得税と復興特別所得税（原則としてその年分の基準所得税額の2.1%）を併せて申告・納付することとなります。

出典：国税庁「所得税の速算表」

れば融資は受けられます。何も対策を講じないと、どんどん税金で流れて何も残らないので、不動産投資はかなり有効な資産形成術です。ただし、3年間分の年収を見られたり、高属性のサラリーマンよりは審査基準は厳しくなります。

加えて、現役のうちはよいけれど、老後はどうなるのだろうか？という懸念を抱かれる方も多いです。

2019年に入って「年金2000万円不足問題」がたびたびメディアでも話題に取り上げられています。これは2019年6月に公表された金融庁金融審議会の

市場ワーキング・グループ報告書「高齢社会における資産形成・管理」で取り上げられて話題を呼びました。

高齢夫婦無職世帯の毎月の収入（その大部分は年金）と支出の赤字額は約5・5万円（年額約66万円）という、2017年「家計調査」の数値に基づいて算出されています。さらに2015年人口推計での全人口の約4分の1が95歳まで生存することを前提とした場合、「30年間で約2000万円の金融資産の取り崩しが必要」という結果が出ました。

このレポートでは平均寿命が延びる一方、少子化や非正規雇用の増加で政府による年金支給額の維持、企業による退職金の維持、そのどちらも難しいことを指摘しています。そして、老後の生活費は「かつてのモデルは成り立たなくなってきている」として国民には自助を呼びかけ、公的年金制度に頼った生活設計だけでは資金不足に陥る可能性に触れて、長期・分散型の資産運用の重要性を強調しています。

野党をはじめ一部の人が「公的年金の安心が崩れた」と追及していますが、報告書で述べられている内容は、今までも多くの人が当然のこととして認識していた周知の事実です。公的年金だけで豊かな暮らしが確保できると考えていたのであれば、それは現実の認識不足です。

この国会でも取り上げられて、大きな話題となった「年金2000万円不足問題」ですが、金融審議会市場ワーキング・グループ報告書の根拠となったのは、総務省統計局による「家計調査」です。報告書では2017年のデータが使われていましたが、参考までに昨年発表された最新調査結果もご紹介しましょう。

なお、「家計調査」は国民生活における家計収支の実態を把握して、景気動向の重要な要素である個人消費の動向など、国の経済政策・社会政策の立案のための基礎資料を提供するため、総務省統計局が毎月実施している統計調査です。

総務省統計局「家計調査報告（家計収支編）2018年」によれば、高齢夫婦無職世帯（夫65歳以上、妻60歳以上の夫婦）の家計収支は、実収入が22万2834円、税金や健康保険料控除後の可処分所得は19万3743円です。一方、支出は26万4707円となり、毎月4万1872円が不足しています（37ページ上図）。

これが高齢単身無職世帯（60歳以上の単身無職世帯）となると、実収入は12万3325円、可処分所得は11万933円です。消費支出は14万9603円で、毎月3万8670円が不足しています（37ページ下図）。

こうした家計収支の赤字は、老後の大きな不安材料となっています。とはいえ、ある程度収入が高い方や資産のある方であれば、「自分の資産を守る・殖やす・承継する」ためにさまざまな対策を講じているのが現実です。もしも、まだ何らかの手を打っていないのであれば、早急に行動に移すことをお勧めします。

高齢夫婦無職世帯の家計収支－2018年－

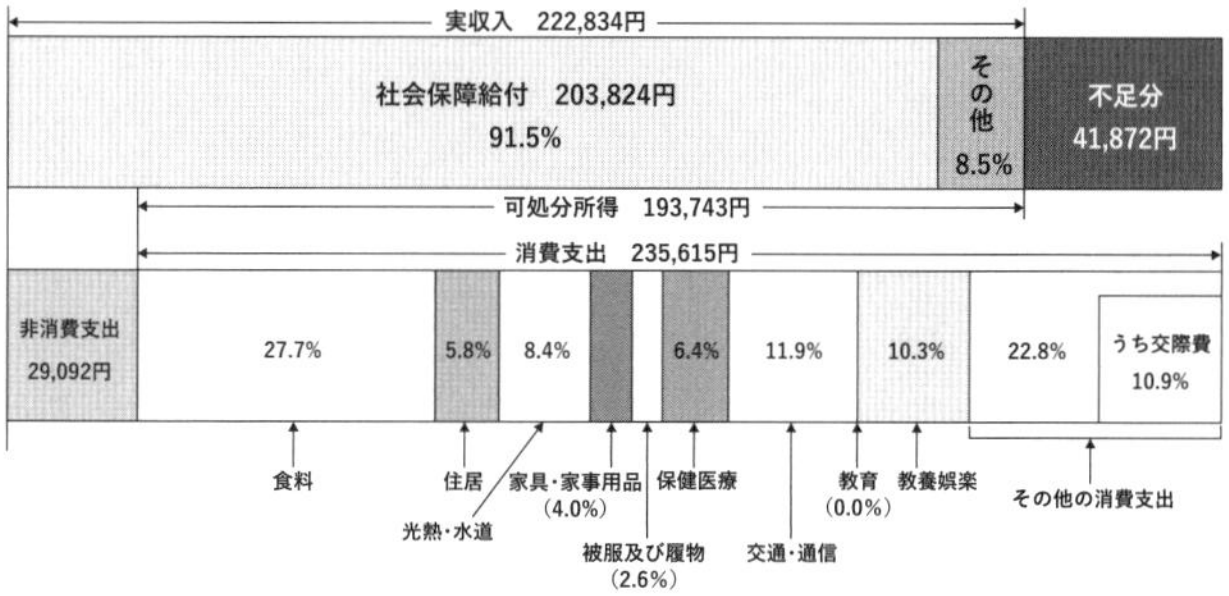

（注）1　高齢夫婦無職世帯とは、夫65歳以上、妻60歳以上の夫婦のみの無職世帯である。
2　図中の「社会保障給付」及び「その他」の割合（%）は、実収入に占める割合である。
3　図中の「食料」から「その他の消費支出」までの割合（%）は、消費支出に占める割合である。
4　図中の「消費支出」のうち、他の世帯への贈答品やサービスの支出は、「その他の消費支出」の「うち交際費」に含まれている。

高齢単身無職世帯の家計収支－2018年－

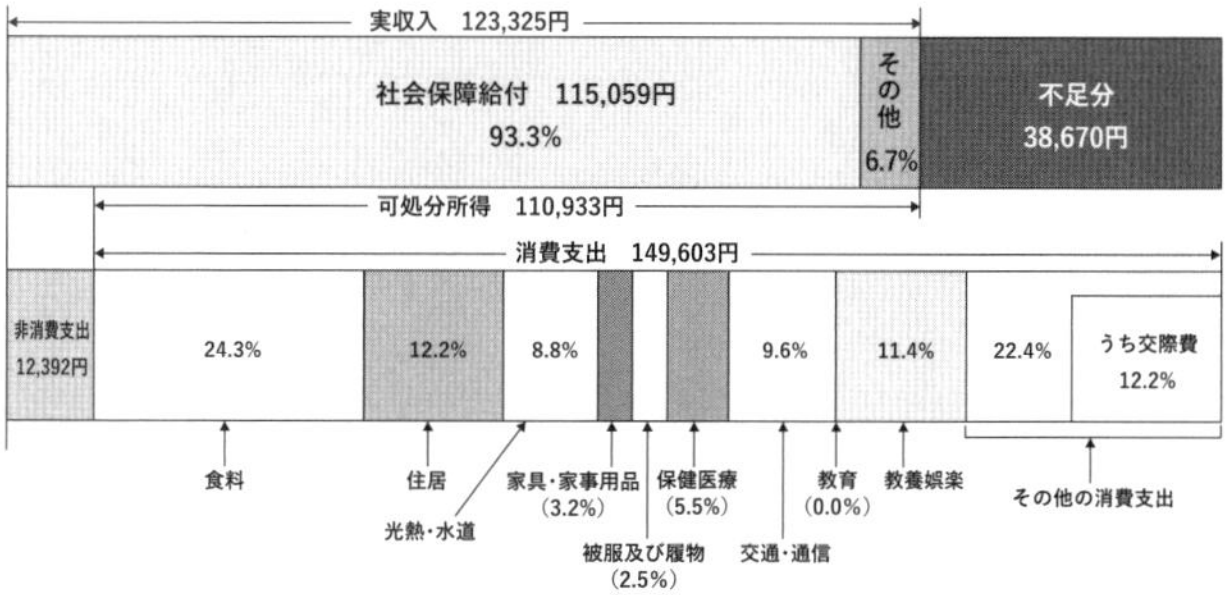

（注）1　高齢単身無職世帯とは、60歳以上の単身無職世帯である。
2　図中の「社会保障給付」及び「その他」の割合（%）は、実収入に占める割合である。
3　図中の「食料」から「その他の消費支出」の割合（%）は、消費支出に占める割合である。
4　図中の「消費支出」のうち、他の世帯への贈答品やサービスの支出は、「その他の消費支出」の「うち交際費」に含まれている。

出典：総務省統計局「家計調査報告（家計収支編）2018年」

第 1 章

不動産投資の有用性と
アスライフの運用哲学

サラリーマンは一刻も早く収益不動産を投資のポートフォリオへ組込むべし

本書では不動産投資による資産形成を勧めていますが、不動産投資のメリットが大きいのは年収が高い方です。年収５００万円程度だと、源泉は20万円ほどなので、その額をゼロにしたとしても、大きく得をした気にはなれないでしょう。

一方、高年収の方であれば、還付によって節税できる金額は数百万円にもなります。実際、弊社のお客様で年収２０００万円超の内科医の方がいますが、その方の還付金は３５０万円です。これは上場企業に勤める課長・部長クラスのボーナスですので、その額が丸ごと返ってくることになるのです。それを３年続ければ１０００万円を超えます。

そうなると、会社からのボーナスよりも還付金のほうが多くなります。そのため、そのお金を元手に不動産を買いたいというご要望も多く受けています。

税負担の重みを意識するのは、年収1000万円以上の方でしょう。1000万円を超えると、源泉額も60~70万円になります。弊社のお客様でも年収1100万円で90万円以上還付された方がいます。

このように年収が高ければ高いほど、不動産投資による節税メリットを多く享受できるのです。

では、そうした高年収の方々は、何をきっかけに不動産投資に行き着くのでしょうか。これは個人差があるものの、やはり高年収の方はお金に対して意識が高い人が多いといえます。

そうした方々が不動産投資セミナーに足を運ぶと、今まで「高いな」と思いながら払い続けてきた税金を取り戻せることを知り、不動産投資に関心を持つきっかけになります。

そして個別相談を行った結果、高年収の家庭でも手取り収入はそれほど多くなく、貯金がごくわずかだというケースは珍しくありません。そうした場合はライフプランの見直しから始めます。

例えば、保険に毎月いくら支払っているのか、税金をどれくらい納めているのか、といったところを各書類を見ながら把握します。その後、推定の源泉のデータ、家族構成などの情報をシミュレーションソフトに入れると、来年度の税金の額が分かります。そして算出されたデータを見ながら、不動産投資を始めたらどれだけの還付ができるのか解説します。

その結果、一刻も早く不動産投資をしたほうがいいという判断をされる方が圧倒的に多いのです。

対象は都心のRC造中古区分マンションがお勧め

収益不動産の活用は将来の資産目標、規模拡大のスピード感、リスクの取り方などによって戦略がさまざまです。前述したように不動産の種類も多く、その取り組み方によって効果が変わります。

例えば、短期間で規模拡大していきたいのなら、法人を設立したりまとめ買いをしたりすることもできますし、リスクを抑えたいなら小さい物件から始める……という選択肢もあります。

このように不動産投資の戦略は人それぞれであり、そういう意味では無限のバリエーションがあるともいえるでしょう。他の投資と比べても、これだけ間口が広く、投資戦略の種類が豊富な投資はありません。

何が正しいか、正しくないかということではなく、正解は複数あり、その人の目的やライフプランに見合った戦略を選ぶということが重要なのです。

そうしたなかで、弊社がお勧めしているのは都心のＲＣ造中古区分マンションです。

区分マンションというのは分譲マンションと同じ意味で、１棟の建物のうちの１部屋を指します。そして弊社は、場所は都心部の駅徒歩７、８分以内で築浅、人気エリアという条件に絞っています。だからこそ入居率97％という超高水準を維持できているのです。

不動産投資をある程度勉強した人だと、どうしても利回りを求めてしまう傾向がありますが、利回りが高かったとしても賃貸が付かなければ元も子もありません。

特に古い物件だと、空室だけでなく修繕費、ランニングコストも大きなリスクです。そのため弊社では一定期間の設備保証を付けています。

利回りが高いということは、何らかのリスクがあり、価格を安くしないと売れない物件なわけです。古くて修繕費がかかる、賃貸需要の低いエリア・立地にある、稼働率が低いなどさまざまな理由が考えられます。

日本では人口がとてつもないスピードで減少しているので、高利回り物件は郊外で駅から離れていて、賃貸需要が低いエリアになってきます。

しかし、不動産投資は10年以上の長期的な視点で行うのが基本ですから、やはりそうしたエリアは今の想像以上のリスクがあると考えるべきでしょう。利回りを中心とした投資スタンスはこれからは危ないと感じています。

一方、例えば渋谷だと、今ワンルームの平均価格がマンハッタンの価格に近づいているそうです。この背景には、北欧でナンバー1の年金機構が大手不動産販売業者と提携して、渋谷に巨大な資金を投じていることがあります。

こうした再開発エリアでは、キャピタルゲインも狙えますので、既存の利回りがほぼ無価値といえます。利回りだけで考えると、時代の劇的な変化も見逃してしまう恐れもあります。今後は23区でも二極化が進行していくので、エリア選別はより重要になってきます。

なお、世界水準で見ると、東京の不動産は非常に安価です。ニューヨークだと利回り1%程度ですが、六本木でも3%後半はあります。賃料はニューヨーク級に近づいているものの、価格はまだ追いついていないということです。

物件選定・取組規模・資金調達・管理運用・売却の活動の流れ

ここで、私たちアスライフの物件選定の流れを説明します。まずお客様と弊社のコンサルタントが、面談を行います。お客様の年収や金融資産から家族構成、ライフプランなどをヒアリングしたうえで、最適な物件を提案いたします。

そのお客様によってどのような物件をどのような規模で購入するのか、また使用する金融機関についても変わります。そのため、最適なプランはお客様によってまったく異なるケースもままあります。

さて、そうして物件取得をしたあとに大切なのは管理運用です。具体的にいえば、入居者に貸し出して賃料収入を得るということを継続的に行います。そうやって安定的な収入を確保するのです。

もちろん、入居者が引っ越しで退去する可能性もありますから、空室になった場合はしっかりと修繕して、新しい入居者を募集します。また入居中に住宅設備が故障するなどトラブルがあった際にも対応しなくてはなりません。

そうした収益不動産の運用に関する実務を一手に引き受けるのが管理会社の存在です。

一般的に不動産業者には種類があり、物件の売買を行う会社、管理会社、客付け会社（入居募集を行う会社）に分かれています。

管理会社へ管理運用を委託していれば、入居募集については管理会社から客付け会社に依頼されますが、自主管理といってオーナー自らが管理を行う場合には、自身で客付け会社へ依頼する必要があります。

近隣に住む地主オーナーでもない限り、そのようなケースはあまりありませんが、売買を行う会社と管理会社が別であることはよくあります。しかし、私は物件選定～購入を担当する会社が、そのまま管理運用までをワンストップで関わることをお勧めしています。

不動産投資は最終的に売却したときに、その結果が分かるものです。そのため売却までをワンストップで担当する1社と付き合うのがベストといえるでしょう。購入時には詳しく物件を調査して、管理運用ではどのような修繕を行い、どのような入居者が住んでいるかを把握、売却時にはそれらの価値をふまえたうえで、できるだけ高値で購入してくれる買主を探します。

これらにすべて別の業者が関わるとなれば、その物件の概要から修繕の履歴、レントロールと呼ばれる入居者の情報などをその都度申し送りする必要があり煩雑になります。このような状況は多忙なエグゼクティブにとって適切とはいえません。

「損をしない」売却への利益最大化が強みの「アスライフ運用」

前項で売却の話が出ましたが、売却時において最も大切なのは「損をしない」ということです。損をする状態を詳しく説明すると、「売って赤字になる物件」を指します。

融資を受けて買う方が多いですが、その物件を売っても残債が残ってしまう……というのが典型的な失敗例です。そうなると売るためにも自己資金が必要で、手金が少ないケースでは、「売るために借金をしなくてはいけない」という悲惨な事例もあります。

そういった売却が万が一にも起こらないために、「アスライフ運用」があります。具体的にいえば、利益を最大化するということです。損をしない売却には入口で安く購入することが肝となりますが（このキーワードについては次項で解説いたします）、出口である「売却」のためには高い家賃で高稼働させることが必須です。

不動産投資における利益には、インカムゲインとキャピタルゲインの2種類があります。インカムゲインというのは運用益のことで、月々の家賃からローン返済やコストを差し引いたキャッシュフローを指します。キャピタルゲインとは売却益のことで、最終的に物件を売却したときに手に残る利益を指します。

高稼働させるということはインカムゲインにつながりますが、売却時にも有利に働きます。というのも、マイホーム用の物件と違い、収益不動産の場合は入居者がついた状態で「オーナーチェンジ」という形での売却が好まれます。

簡単にいえば、買ったらすぐに利益が出るような状態が好まれるのです。そうした場合には、きちんとした入居者が高い家賃を支払っていることが高額売却の決め手となるのです。

1000円でも2000円でも高い家賃で入居者がついていれば、それが「利回り」に反映します。高い利回りであれば売却価格も上がりますし買主も増えます。だからこそ、所有時の運用が重視されるのです。この点に重きを置いている不動産会社はあまりありませんが、弊社は管理会社を軸にして売買仲介を手掛けていることもあり、売却時の戦略にも自信があります。

収益不動産活用の大部分は「入口」での設定が重要

出口で成功させるためには、入口も重要です。不動産投資の世界では「入口が成否を分ける」といわれるくらい購入時の判断が重要になります。戦略を立てず、ただ不動産会社の営業マンから言われるがままに買ってしまえば、待っているのは失敗です。

その多くは「収益の出ない物件を買ってしまった」「自分に合わない物件を買ってしまった」「いくつか購入したら、それ以上買えなくなってしまった」ということです。

具体的に、収益の出ない物件とは、主にスタート時に高い価格設定のマンションが挙げられます。そもそもローン返済額と家賃収入が同じくらいで、管理費・修繕積立金・固定資産税といったランニングコストを差し引くと赤字になってしまうような物件です。所有しているだけでどんどん赤字になってしまいます。

自分に合わない物件とは、本書の読者とは違いますが、独身の若い会社員で低年収にもかかわらず5000万円のファミリータイプの区分マンションを買ってしまうようなケースです。

入居がついていれば月々の収支はプラスになるものの、いったん部屋が空いてしまうと、ファミリータイプの物件は床面積も広く修繕費も高くつきがちです。何より物件価格が高いため、月々の返済額も多く、空室時に補填するための金額が10万円以上ということも珍しくありません。

これが年収2000万円、3000万円あれば耐えられますが、年収500万円程度のサラリーマンであれば数カ月続いただけでも破綻の危機にさらされるでしょう。

ほか、「買いたいのに買えない」という状況は、金融機関からの融資の受け方に影響します。後述しますが資金調達のためには個人属性と物件評価が大切です。しかし、そこを留意せずに購入してしまうと、もともと3億円借りられるはずの人でも、1億円程度でストップしてしまうことがあるのです。

これは、不動産業者に融資の知識があれば防げます。その人に合った金融機関で、その人に合った物件を購入しなければなりません。

だからこそ「入口」が大切で、信頼できる不動産業者を味方につけて、しっかりと設定することが重要なのです。

取得費用と売却時不動産価格から手堅く逆算すれば成功する

ここで入口の設定について詳しく掘り下げてみましょう。どんな物件を購入するかについては、その人によって違うというのが前提ですが、共通するのは「安く買って高く売ること」です。

取得費用は、物件価格と諸費用、状況によってはリフォーム費用がかかりますが、それらを全部足し算したものを把握します。そして、購入物件の販売事例を確認していくらで売れるかを計算します。

投資用の収益不動産は過去に何度も売買取引されていることが多く、売却時の価格もおおよそですが判断がつきます。取得費用と売却時不動産価格が分かれば、買って

中古マンションの築年帯別平均m²単価

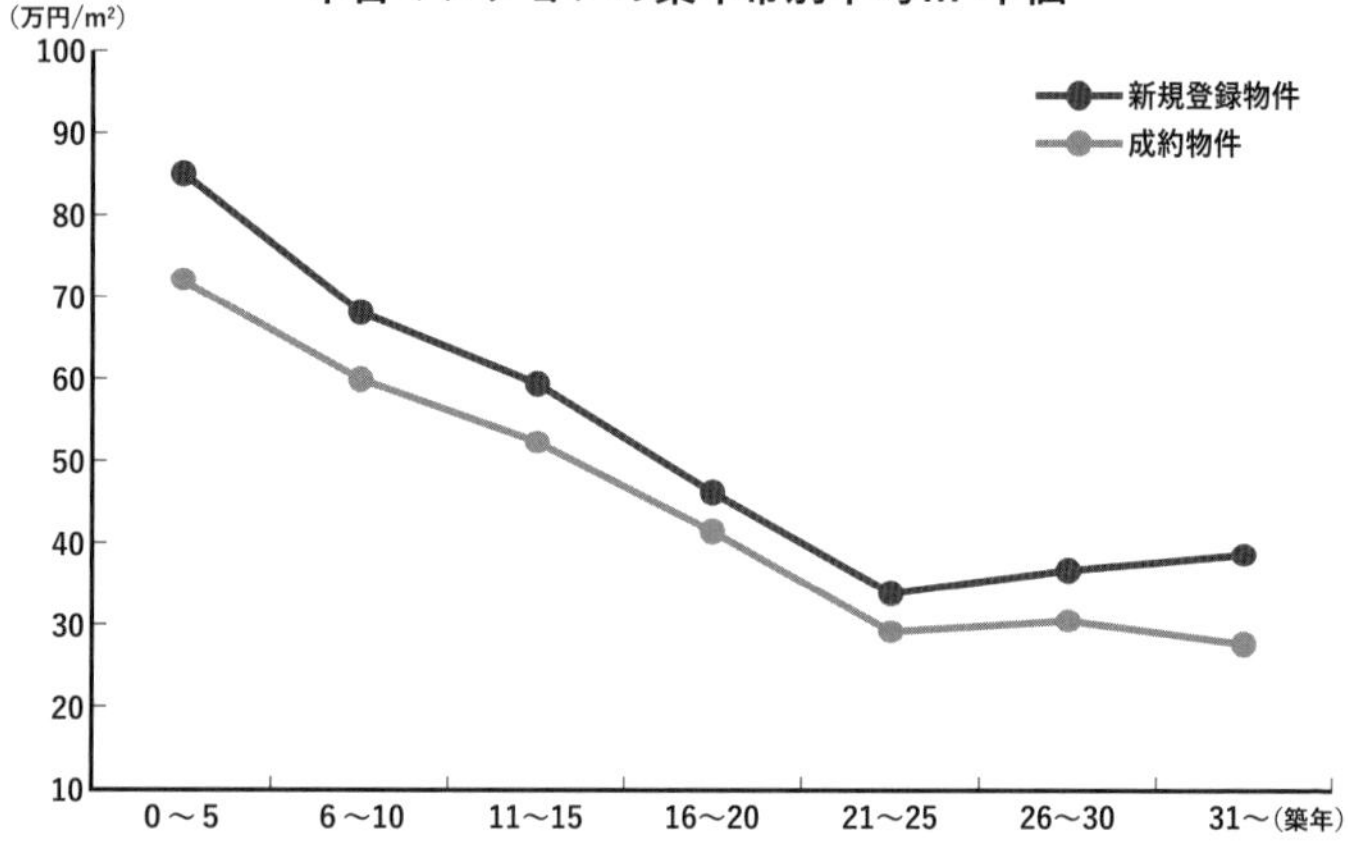

出典：公益財団法人 東日本不動産流通機構「築年数から見た 首都圏の不動産流通市場（2015年）」

はいけない物件（取得費用に比べて売却時不動産価格は著しく低い物件）を買って失敗してしまうようなことは防げます。

上の表は中古マンションの築年別の平米単価を表にしたものです。

投資費用の回収を早める キャッシュフローと 税金コントロールの考え方

投資した費用の回収を早めるためには、税金を抑えることが早道です。収益不動産からは毎月の賃料収入が得られますが、その利益（課税所得）に対して所得税や法人税が課税されます。

利益が増えれば増えるほど税負担が重くなっていくのは、給与収入などと変わりませんが、収益不動産の場合、この課税所得に対してコントロールすることが可能となります。これは脱税とは違って「コントロールする」ということで、合法的にできる税金対策です。

減価償却のイメージ

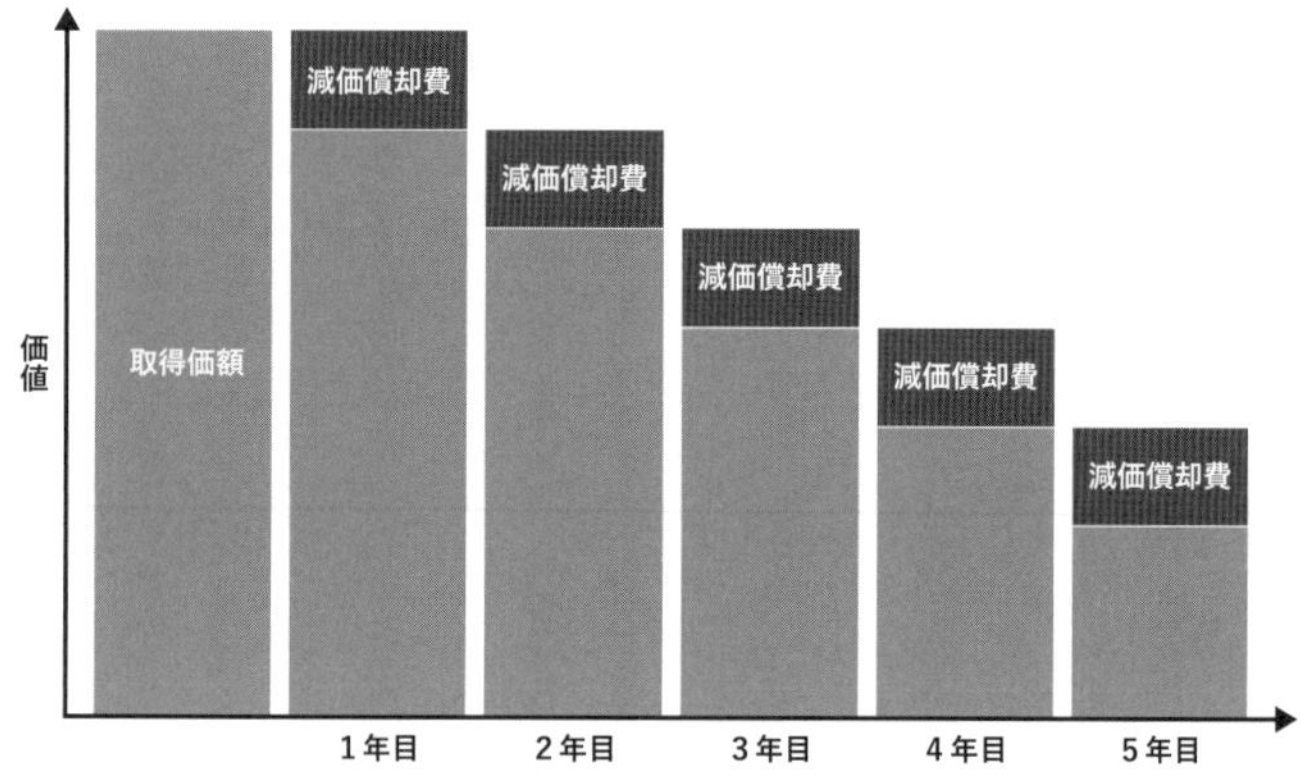

※毎年、必要経費として計上することで税金を圧縮します

詳しくは第3章で解説しますが、減価償却を計上することで税金の圧縮が可能なのです。税負担が少なければ、手残りが増えます。

大事なポイントとしては減価償却を計上することで、利益がなくなっているのではありません。減価償却を計上した分だけ、物件の簿価（帳簿上の価格）も目減りしていきますから、売却時にはその分だけ大きな利益が生まれます。つまり、やっていることは、税の繰り延べにすぎません。

どういうことかといえば、税金を繰り延べることで、手元のキャッシュを増やして、投資資金の早期回収ができるのです。そして売却時には戦略を立てます。

こうやって購入から売却まで通して考えることで、税負担を抑えながら現金を増やしていくことが可能となります。

収益不動産の価値は「収益性」と「資産価値（場所）」で決まる

収益不動産の価値にはいくつかありますが、大別すると2つあります。それは「収益性」です。繰り返しになりますが、収益不動産は家賃を生み出を生み続けること＝収益性」です。

譲渡税の税率

	短期譲渡所得	長期譲渡所得
譲渡した 1月1日現在の 所有期間	5年以下	5年超
税率	39.63% （所得税 30.63% 住民税 9%）	20.315% （所得税 15.315% 住民税 5%）

※上記は、復興特別所得税（2.1%）込みの税率です。

してこそです。空気に部屋を貸してもお金を生みませんから、しっかり入居がついて収益を生む物件を選ぶのが大切です。

加えて、「値段が下がらないこと＝資産価値」です。不動産評価についてもいくつかの種類がありますが、単純に価値が下がらない場所で購入すれば失敗することはありません。収益性の高い物件（月々プラスの収支になる物件）を購入して、取得資金と同じ値段で10年後に売却することができれば、月々のキャッシュフローはまるまる利益になりますし、取得資金で借りた融資は10年間の返済が進んでいるわけですから、売却金額－残債が手残りになります。

もちろん譲渡時に利益が出れば税金がかかりますが、10年後であれば利益に対して20%前後の課税なので、プラスの収支になるでしょう。譲渡益に対する税率は所有する年数で変わります（前ページの図を参照）。10年間所有するメリットはそこにもあります。だからこそ、取得時に収益性と資産価値にこだわることが重要なのです。

不動産価格が下がらないための絶対条件とは何か

価格の下がらない収益不動産とは、どのような条件を備えた物件でしょうか。それ

家賃ランキング

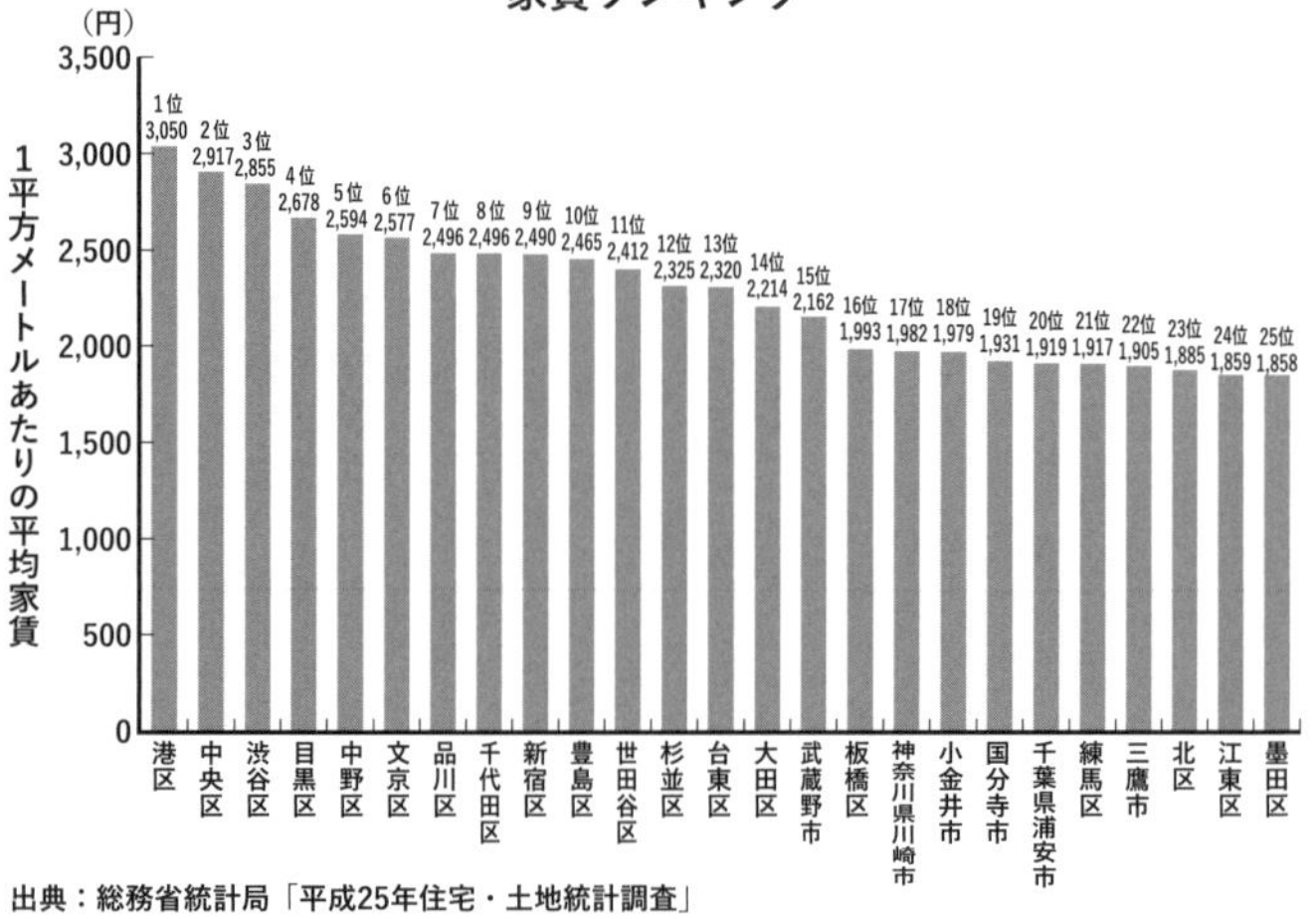

出典：総務省統計局「平成25年住宅・土地統計調査」

は前項で解説した「収益性の下がらない物件」です。

収益性が下がらないというのは、家賃が下落せずにしっかり入居者がつく状態を指します。

そもそもオーナーチェンジ物件は利回りを基準にして売買されることが多いです。すなわち家賃が下がれば、下がった分だけ物件の価格も下がってしまうのです。

例えば年間賃料が90万円なのか100万円なのかでいえば、月々にすると1万円足らずの差ですが、同じ利回り10%で売却したとすれば物件価格1000万円に相当します。

年間賃料　90万円÷10％＝　900万円
年間賃料　100万円÷10％＝1000万円

それだけ月々の賃料は売却金額に影響するため、購入の段階から家賃下落があまりないような物件を選びましょう。加えて、きちんとメンテナンスして賃料を下落させない努力も必要です。

新築・中古の仲介物件は高リスク。保証のある中古売主不動産がお勧め

不動産投資でしっかりと利益を上げていくためには、前項までに解説した条件に合う物件を選定するのが賢明でしょう。

それがどのような物件であるかといえば「中古物件」です。

新築のほうが入居者にとって魅力的で競争力があるのではないかと思われる方もいらっしゃるかもしれませんが、昨今の建築費用の高騰の影響を受けているのはもちろん、新築物件にはそれを販売するための広告費、また、デベロッパーの利益などが上乗せされている場合がございます。

また、新築時の家賃は「新築プレミアム」といわれる相場より高めの家賃が設定さ

れていることがほとんどで、一度でも入居がつけば、その物件の新築プレミアムは失われるため、2巡目の入居者からは家賃が大きく下がる場合がございます。

それでは中古であれば何でもいいのかといえば、中古には中古のデメリットがあります。その大きなものは「修繕コスト」です。次のリスクの項目でも触れていますが、築10~15年も経てば住宅設備はどんどん故障していきます。

交換で済めばよいですが、配管や雨漏りなど建物の重要な部分の欠陥もまれにあります。そうした際に助けになるのが「瑕疵担保責任」です。瑕疵とは建物における重大な欠陥を指し、物件に隠れた瑕疵があるときは、売主は瑕疵担保責任を負うのが原則となっています。

つまり重大な欠陥が見つかれば、売主がそれを修繕する責任があるのです。そのため買主からしてみれば大きなリスクヘッジになっているのです。

この瑕疵担保責任は売主が個人である場合は、3カ月程度に設定されている場合が多いです。業者が売主である場合、瑕疵担保責任の期間は2年間と定められているため、同じ物件であっても個人から買う場合、業者から買う場合で保証の期間が違ってくるのです。

物件における瑕疵はそこまで頻繁に起こることではありませんが、万が一を考えると不動産業者が売主の物件を選ぶほうがリスクは低くなります。

収益不動産活用におけるリスクについて

さて、ここまで不動産投資のメリットをお伝えしましたが、投資に絶対はありません。「必ず儲かる」というのは詐欺の常套句です。

失敗する可能性はとても低いものの、投資である以上、リスクもあるのは事実です。

良い側面だけを知っていても投資の成功は手に入りません。

またリスクに対しては事前に備えをしておくことで大半は回避ができますし、困った事態に陥っても、解決策がそろっているのが不動産投資の良いところです。

●空室リスク

まず、リスクの1つ目は空室です。不動産投資は家賃が収入源なので、空室ならば当然収入源がなくなることを意味しています。

この場合、なぜ空室なのかを分析します。第一に入居条件の見直しを行い、部屋がきちんと商品化されているのかを確認します。

●家賃滞納リスク

前述したように、不動産投資の利益にはインカムゲインとキャピタルゲインの2種類があります。インカムゲインというのは運用益のことで、月々の家賃からローン返済やコストを差し引いたキャッシュフローを指します。キャピタルゲインとは売却益のことで、最終的に物件を売却したときに手に残る利益を指します。

万が一、家賃滞納が起こった場合は、インカムゲインが得られないということです。それどころかローン返済も自らの給料で補塡しなくてはなりません。

●修繕リスク

不動産投資は現物投資であり、所有する不動産が実在して、オーナーが適切に管理運営する責任があります。

建物の躯体は早々に朽ちることはありませんが、エアコン、給湯器、換気扇などの住宅設備に関していえば年数が経てば故障が発生しますし、取り換えもしなくてはなりません。また入退去時には原状回復工事といって、室内を元の状態に戻す工事も行います。

設備の経年劣化は事前に予測もできますが、困るのは入退去に関してはオーナーがまったくコントロールできないということです。タイミングもそうですが、部屋の状況に関してはオーナーチェンジ物件の場合、見てから購入できないため、退去後の部屋の状態が悪く、多額の工事費用がかかってしまった……という話もよくあります。もちろん、入居者が壊したようなケースであれば、入居者に請求することはできますが、日常使用で汚れた部分や経年劣化に関してはオーナーの負担部分となります。そのため、せっかくキャッシュフローを得ても、修繕費用で消えてしまう、それどころか追加で費用がかかるという恐れもあります。

●流動性の低さ

多くの点において不動産投資はほかの投資に比べて優れていますが、一点だけ負けているところがあります。それは、流動性の低さです。

不動産はいざ売ろうとしても、売主を探す時間を要しますし、金融機関や司法書士などさまざまな手続きが必要となるため、株やＦＸのようにすぐに換金できるわけではありません。

物件によっても異なりますが、売却の意思を固めてからおおむね１～３カ月ほどかかります。

●自然災害リスク

今後より意識を高めていくべきリスクが「自然災害」です。

ご存知のように日本は地震大国であり、近年は「首都直下地震」や「南海トラフ地震」の発生が懸念されています。

また、地球規模で温暖化が進んでおり世界各国では異常気象が発生しています。毎年、日本に上陸する台風も勢力と規模が大きくなっており河川が氾濫し住戸が丸ごと流されてしまう事例がでています。

投資家としてこれらの自然災害へのリスクヘッジとして、建物が強固で周辺が被害を受けても国や地方自治体が速やかに復旧対応をするエリアを選定するべきです。

ＲＣ造（鉄筋コンクリート造）の区分マンション・１棟物件で河川や山のふもとに立地しない物件をお勧めします。

なお、住宅の構造には大きく分けて次の５つがありますが、そうした際に大きな被害を受けるのはたいてい木造建物です。

●ＳＲＣ造（鉄骨鉄筋コンクリート造）　鋼製部材のまわりに鉄筋を配し、その外側に鉄筋を組みコンクリートで固めた構造。複合施設や高層ビルに用いられることが多い。耐久性、耐震性、防音性に最も優れるが、建築コストが高い。

●ＲＣ造（鉄筋コンクリート造）　耐火性が大きく圧縮力に強いコンクリートと、引張力に強い鉄筋を組み合わせた構造。大規模マンションに用いられることが多い。耐久性、耐震性、防音性に優れるが、建築コストが高い。

●重量鉄骨造　「鉄骨の厚みが６㎜以上」の柱や梁を使用した構造。アパート・マンション・ビルに用いられる。軽量鉄骨に比べれば強度がある。

●軽量鉄骨造　「鉄骨の厚みが6㎜未満」の柱や梁を使用した構造。ハウスメーカー製の住宅やアパートに用いられることが多い。

●木造　木材を使った構造で、日本古来の建築法で在来工法とも呼ばれる。通気性には優れるが耐震性や防音性には欠ける。建築コストが最も安い。

そのなかで、とりわけ耐久性に強いのは、SRC造、RC造です。一般的な区分マンションではSRC造、RC造が用いられるため、耐久性や耐震性に優れており、災害に対しても安心感が得られます。加えて防音性が高いことも「住みやすさ」につながっています。

アスライフの運用哲学

不動産投資の手法にさまざまな種類がありますが、「絶対に儲かる」という投資はありません。しかし、入口の部分でしっかりと物件選定することにより、資産価値の落ちない「損をしない」物件を購入できます。

私は収益不動産の価値は「収益性」と「資産価値（立地）」で決まると確信しています。

利便性がよく賃貸ニーズのある都心の中古区分マンションを運用することが、リスクを避けて行う不動産投資の王道と考えます。それも、ただ物件の仲介をするのではなく、前述した通り、お客様の年収や金融資産から家族構成、ライフプランなどをヒアリングしたうえで、最適な物件を提案いたします。それがアスライフの運用哲学なのです。

不動産投資において物件購入はあくまでスタートであり、ゴールではありません。買ったところで終わるのではなく、そこから投資がはじまります。それも短くても数年、長ければ数十年に及ぶのが不動産投資です。長い時間をかけて投資していくものですから、運用哲学が必須だと考えています。

多くの投資家は不動産投資で利益を得ようと考えてスタートしたにも関わらず、毎月マイナスのキャッシュフローであったり、高額な修繕費に悩まされたりと本末転倒な事態となっているケースも少なくありません。

アスライフの運用哲学では、そうしたことがないようにお客様に寄り添って、確実な投資を進めていきたいと考えているのです。

第 2 章

手堅い「副収入」と「合法的節税」で資産形成

毎月の「安定」収入で不測の経営・失業危機をも乗り切れる

第1章で解説したとおり、今は順風満帆であっても、それが永遠に続く保障などどこにもありません。経営者ならいつか会社が傾く可能性がありますし、サラリーマンであればリストラの危機もあります。また、苦労して業績を上げて年収が伸びても、高額な税金が利益を奪っていくのです。

そのような状況のなか、自身の収入を安定させて、将来の不安に備えながら資産を守っていくことを考えたときに、心強い味方となるのが収益不動産の活用なのです。

おさらいになりますが、収益不動産とは収益（賃料収入）を生む不動産です。第1章ではその種類について解説しましたが、お勧めしたいのはアパート・マンションといった居住用不動産です。

店舗・オフィスといった事業向けの物件は、家賃が高く収益性の高い物件も多くありますが、景気の波に左右されやすく、一度退去するとなかなか入居が決まりにくいという側面があり、いわゆるハイリスク・ハイリターンの投資となります。

また、事業用不動産に対しては事業用の融資となり、そのハードルは格段に高くなります。

対して居住用不動産についていえば、家賃の上昇や下落など多少の動きはあるものの、バブル後だから半額になった、リーマンショック後だから半額になったというような大きな変動はありません。

もちろん、将来的には少子化の影響を受けていきますが、弊社が推奨する都心の好立地物件のニーズが減少することは考えにくく、それだけに価格も驚くほど安く購入する、というわけにはいきません（安く買うのではなくて、値段が下がらない物件を選択するという視点です）。

つまり、ミドルリスク・ミドルリターンの投資なのです。

融資についても住宅ローンと同様に、各金融機関が定めた要件に適合すれば受けられる仕組みとなっており、誰もが融資を受けられるとはいえませんが、エグゼクティブの皆さんに対しては開かれています。

こうして収益不動産を取得して活用することで、賃料収入からローン返済・経費を差し引いたものがキャッシュフローとして手元に残ります。区分マンション1つだけではインパクトはありませんが、戸数を増やすことでまとまった固定収入が見込めるようになります。

そうして収益不動産が本業とは別の収入の柱となり、万が一の状況……不測の経営難や失業する事態となったときに、家計を支える杖となってくれるのです。

もちろん、区分マンションを数戸購入した程度では、そこまでの支えにはなってくれません。ある程度の規模まで増やす必要がありますが、購入から運用、売却までの仕組みが整っているため、規模拡大はそこまでハードルの高いことではありません。

融資を利用し他人資本で含み資産を自動的に増やす

自己資金を極力使わずにスタートできることも不動産投資の魅力の一つです。なぜなら、金融機関からの融資が受けられるからです。レバレッジの効用については次章で詳しく解説しますが、少額の資金でも融資が受けられる仕組みは、不動産投資ならではのものです。

特に経営者や外資系企業に勤めるサラリーマンのように高年収の方は、普通の人よりもさらに大きな額のお金を融資してもらうことができるので、資産規模もスピーディに拡大できます。

その理由は、銀行融資は「人」と「物件」の条件がそろって初めて成立するものだからです。人というのは、借りる人の信用力のことで「個人属性」と呼ばれます。どんな企業に勤めているか、いくら年収があるのか、家族構成や住んでいる場所など複合的に判断されます。もちろん、年収が高ければ高いほど有利です。

もう一方の「物件」というのは、購入する物件の価値で「担保価値」と呼ばれます。銀行融資では物件を担保に入れることで、万が一支払い不能な状況になった際は、金融機関はその物件を売却して返済に充てます。ですから金融機関にとって価値ある物件でなければ融資をしません。

この物件選定に関しては弊社で厳しく査定して、銀行の条件をクリアした物件のみを販売しています。

収益不動産で初期癌・死亡保障にも備える団体信用生命保険

そのほか、不動産投資の利点として挙げられるのは団体信用生命保険です。略して団信と呼ばれることが多いですが、この団信は債務者に万が一のことがあったとき代わりに残債を支払ってくれるという保険……「ローンの支払い期間中に借り主が亡くなった場合、残債をゼロにできる」というものです。つまり、家族に完済済みの物件を遺せるのです。

最近は死亡・高度障害状態だけでなく、がんなど大きな病気に罹ったときにも対応してくれる、「三大疾病（がん、脳卒中、急性心筋梗塞）保障付団体信用生命保険」「八大疾病（三大疾病＋糖尿病、高血圧性疾患、肝硬変、慢性膵炎、慢性腎臓病）保障付団体信用生命保険」もあります。

この団信の特徴として、一般的に加入されることの多い生命保険に比べて安価に加入できるということ、それから保証が手厚いということが特徴となっています。

不動産投資を行う人であれば、一般の生命保険に加入する必要はないと考えて間違いないでしょう。

また、不動産投資のメリットとして「年金代わりにもなる」ということが挙げられます。

収益物件が生んだキャッシュフローは、年金としても蓄えておくことができますし、ローンの完済タイミングを60歳、65歳に合わせておけば、リタイヤ後は家賃収入がほぼそのまま手に入ります。つまり、年金として機能させることが可能なのです。

税引前キャッシュフローと税引後キャッシュフローの違い

収益不動産を活用するということは、本業とは別に収入の柱を作ることです。そのためには仕組み作りが欠かせません。ここでは仕組みを作る前段階として、不動産収入の考え方について解説しましょう。

賃料収入からローン返済、管理費・修繕積立金・固定資産税などの経費を差し引いたものがキャッシュフローです。この段階では税金を加味していないので税引前キャッシュフローとなります。つまり収入を得たことによって発生する税金を納める前の手残りの収入です。

税引後キャッシュフローというのは、税引前キャッシュフローから税金を納めたあとに残ったキャッシュフローです。

税引後キャッシュフローを理解するために、気をつけたいのは「ローン返済」「減価償却費」「税率」です。

まずローン返済のうち元本部分は収支上の支出ですが、所得計算上の経費としては認められず税金がかかります。そのため税引後キャッシュフローがマイナスに転じてしまう可能性があります。

なぜなら支出に占める返済額の割合が多いなか、借入年数が経つに従い返済額は変わらないのに経費となる利息の割合が減少してくるからです。

「減価償却費」は長期間にわたって使用できる資産を取得した際に、取得に要した費用をその資産の耐用年数の間に分散して費用計上する会計処理を指します。収益不動産の場合は建物が減価償却の対象となります（土地は減価償却しません）。なお減価償却は支出を伴わない経費です。

減価償却費が計上できていれば節税効果がありますが、償却を早くすることで利益が増えて税負担が大きくなります。また減価償却によって簿価が下がっていくため売却時の利益が大きく出てしまいます。

最後は「税率」です。個人で物件を購入すると、不動産所得は給与所得等と合算されて総合課税となります。累進課税である所得税は住民税も合わせて、税率が何パーセントになるかで、税引後キャッシュフローも変わっていきます。

つまり税引前キャッシュフローについては物件の収支から算出できますが、税引後のキャッシュフローについては、どのようなローンの組み方をしたのか、減価償却の年数、個人の所得税率などにも関わってくるため個別要素があります。

最終的に手に残るのは税引後キャッシュフローとなるため、これをしっかり把握することが重要です。

不祥事から学ぶ正しいパートナー選び

不動産投資に本気で向き合おうとしている人は、積極的に勉強して自分で動きたがる傾向があります。

しかし実は、ある程度任せたほうがうまくいくといえます。端的にいうと、その道の専門家に頼んだほうが時間的にも成功率的にも効率がいいということです。

これと同じことは、『金持ち父さん貧乏父さん』（筑摩書房）で有名なロバート・キヨサキ氏も「何を知っているかよりも誰を知っているかのほうが重要だ」と言っています。

これは不動産投資だけではありません。例えば世界の富裕層はヘッジファンドやスイスの銀行にまとまったお金を預けて資産運用してもらっています。資産運用をプロに任せるのはなんら珍しいことはないのです。

では、不動産投資ではどんなプロに任せればいいのでしょうか。それは「信頼のおける会社」です。その条件を挙げるならば、まず「管理会社としてスタートしている」ということになるでしょう。

ただ、管理会社が潰れてしまうと家賃の送金が止まってしまい、実際にそうしたケースは多く起きています。管理会社でスタートしている会社であっても、財務状況を確認するべきです。

弊社の場合、創業8年目にして資本金は5億円で、家賃送金は毎月1億円程度です。これだけの家賃送金額だと、悪意のある業者なら、2カ月ほど振り込みをストップし、姿を消して、その後会社を潰したりします。後から問い合わせても、「すでに支払いに充ててしまったので残っていません」と逃げられてしまいます。

最終的には、オーナーにとっても、そこまで高額な費用ではないため、裁判も起こせず終わってしまうというケースです。こうした被害に遭わないためにも、信頼できる会社を選ぶことは非常に重要です。

また、こんな会社を選んではいけないという観点でいえば、過去に不正を行っている会社です。

例えば、資産管理法人を複数所有する、いわゆる「1物件1法人スキーム」を勧めている業者です。初心者の方向けに説明しますと、法人を複数作ることで金融機関に対して負債を隠しながら、より多くの借金をして物件を買い進めるという不正な手法です。1つの法人に対して1つの金融機関から融資を受けるため、その金融機関は「法人は1つ」と思い込んでしまうのです。

昨年初めに起こった新築シェアハウスの破綻をきっかけに、こうした悪徳な手法が発覚して大問題となりました。

今では残っていないと思いますが、数年前までエビデンス改ざんといった不正をして融資を引き出していた業者が多数ありました。そうした業者は今では金融機関に出入り禁止となっており、そうなると売り上げが立てられなくなるので大赤字です。逆にいうと、現在正常に運営されている会社というのは、そうした不正が蔓延った時代

1物件1法人スキーム

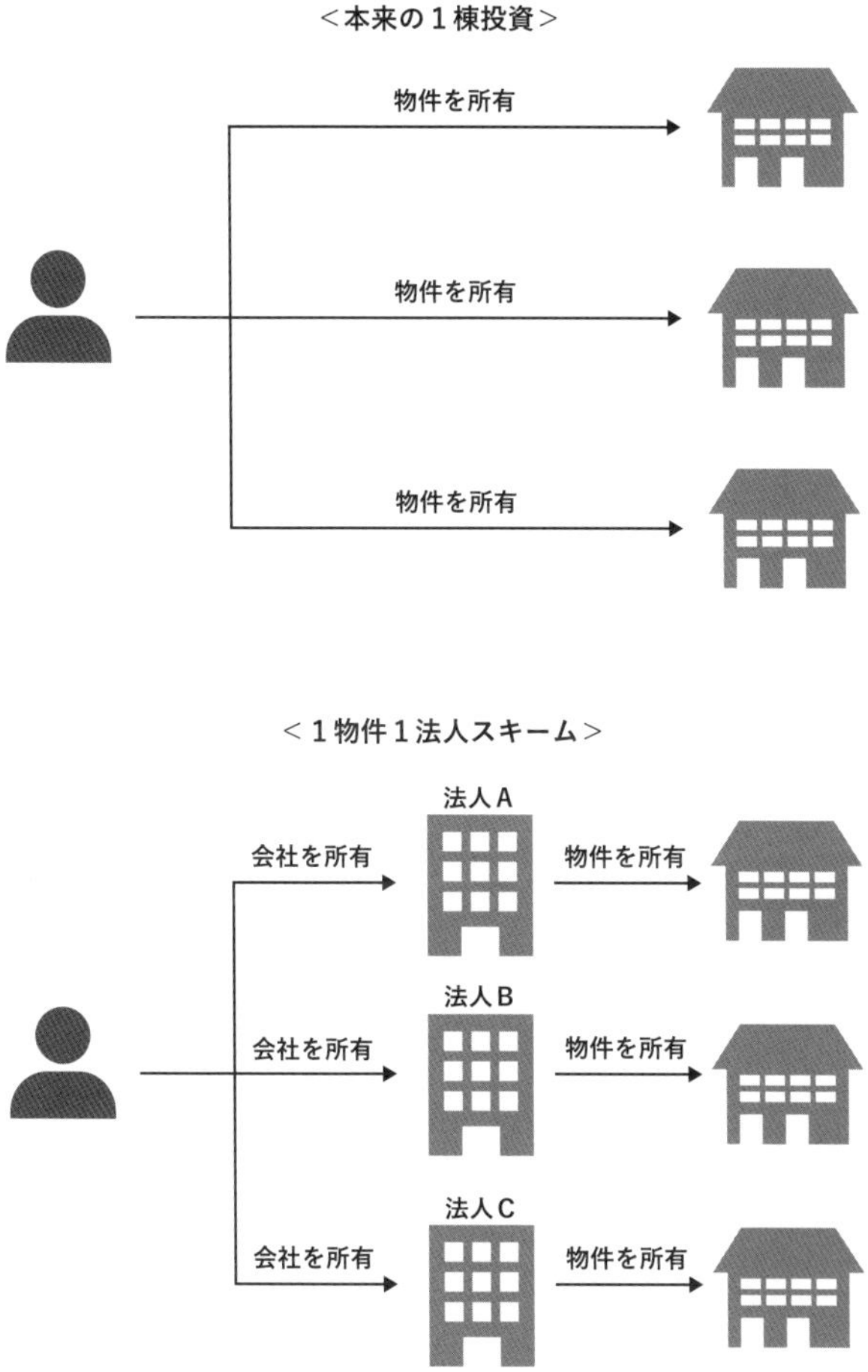
＜本来の1棟投資＞
物件を所有
物件を所有
物件を所有
＜1物件1法人スキーム＞
法人A
会社を所有
物件を所有
法人B
会社を所有
物件を所有
法人C
会社を所有
物件を所有

でも真っ当なビジネスをしていた会社だといえます。

そのほかパートナー選びのポイントとして「電話でしつこく営業してくる会社は避けたほうがいい」といえます。いわゆる名簿リストを購入して、手当たり次第電話をかけて営業している会社です。

そういった会社の営業マンが、都内のホテルのロビーで電話しているところをよく見かけるのですが、だいたい区分マンションか海外の怪しい投資商品を売ろうとしています。

本来、会社として実力があり、既存のお客様の満足を得ているのなら、紹介や口コミで自然と人は集まるものです。また、セミナーを開催すれば一気に集客ができるので、しつこい電話営業をする必要はないのです。

加えて税に対する知識も不可欠です。次章で詳しく解説しますが、節税を行う場合、還付をいかに取れるかが肝となりますので、税金の知識はもちろん、申告までサポートしてくれる税理士を抱えている不動産会社でなければなりません。

ちなみに税理士業務は不動産会社の社員では行えませんが、確定申告レベルであればアドバイスが可能です。

弊社の場合、不動産投資に詳しい税理士と強固な関係を築いていることはもちろん、毎年税理士が監修したセミナーを開催しており、初心者の方にも分かりやすく節税スキームについて説明しています。

また、パートナー選びという視点だと、空室対策に強いかどうかも重要なポイントです。弊社の場合、そもそも管理会社が母体なので、購入後も安定した管理をサポートできています。

第3章

収益不動産活用で
エグゼクティブが得られる
凄い節税効果

個人所得税・法人税・相続税の合法的圧縮機能

収益不動産の活用で合法的な税金の圧縮が可能です。ただし個人のおかれた状況や購入物件の築年数、ローンの金利条件など複合的な理由により、その効果は変わります。具体的な事例で解説しましょう。

Aさんの所得額は700万円です。Aさんは、マンション経営をするため3500万円の物件を購入しました。この時のローンは3000万円（金利1・0％）でした。マンション経営をしていないときのAさんの納税額は、所得税31・49万円、住民税37・87万円のあわせて69・36万円。これに対し、マンション経営後の納税額は、所得税17・25万円、住民税27・75万円の計45万円と、24・36万円の差が生じました。

これは、Aさんがマンション経営を始めたことで、所得額を、不動産所得の赤字額を差し引いた損益通算後の所得額で申請することができたことによります。Aさんの

A
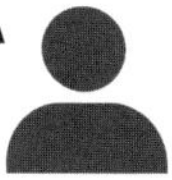

年収 700 万円

マンション経営を始めた場合

→不動産所得赤字額　150 万円※
→損益通算後所得額　550 万円
→納税額　45 万円

所得税：17.25 万円
住民税：27.75 万円

マンション経営をしていない場合

→所得額　700 万円
→納税額　69.36 万円

所得税：31.49 万円
住民税：37.87 万円

24.36 万円の節税に !!

■築 15 年・RC 造
■購入価格3,500万円・ローン額3,000万円（金利1.0%）のケース

※　不動産所得赤字額内訳
- 金利：約 30 万円／年
- 減価償却費：約 50 万円／年（公課証明書で建物 60%）
- ローン手数料：約 10 万円
- 登記費用：約 30 万円
- 公租公課：約 15 万円
- 雑費等：約 15 万円

場合、不動産所得赤字額は、金利約30万円／年、減価償却費約50万円／年（公課証明書で建物60％）、ローン手数料約10万円、登記費用約30万円、公租公課約15万円、雑費等約5万円の計140万円だったので、これを差し引いた560万円が所得額とみなされたため、納税額が少なくて済み、節税につながったのです。

不動産所得の赤字額は、家賃収入よりも必要経費が上回った場合にのみ申告することができます。必要経費として計上できるのは、減価償却費、ローン利息（建物部分）、管理費・修繕費（修繕積立金）、登記費用、固定資産税・都市計画税、損害保険料、諸経費などです。そのため、家賃収入の方が上回った場合は、この方法は使えませんが、下回った場合は、この所得額が住民税の納税額にも適用されるため、住民税の節税にもつなげることが可能です。

また、エグゼクティブにとって相続税対策も大きな課題です。まだ早いと思われる方もいらっしゃるかもしれませんが、ある程度資産のある方はなるべく早めに準備をしましょう。

資産形成の手段として優れている収益不動産ですが、相続税対策の手段としてもとても効果的なツールです。

ご存じのとおり2015年に改正された相続税では、基礎控除額が6割に削減され

相続税改正基礎控除

・2014年まで　5,000万円 ＋ 1,000万円 × 相続人

↓

・2015年から　3,000万円 ＋ 600万円 × 相続人

相続税率引き上げ

<table>
<tr><th>法定相続分に応ずる
取得金額</th><th>改正前
税率</th><th>改正後
税率</th></tr>
<tr><td>～1,000万円以下</td><td>10%</td><td>10%</td></tr>
<tr><td>1,000万円超～3,000万円以下</td><td>15%</td><td>15%</td></tr>
<tr><td>3,000万円超～5,000万円以下</td><td>20%</td><td>20%</td></tr>
<tr><td>5,000万円超～1億円以下</td><td>30%</td><td>30%</td></tr>
<tr><td>1億円超～2億円以下</td><td rowspan="2">40%</td><td>40%</td></tr>
<tr><td>2億円超～3億円以下</td><td>45%</td></tr>
<tr><td>3億円超～6億円以下</td><td rowspan="2">50%</td><td>50%</td></tr>
<tr><td>6億円超～</td><td>55%</td></tr>
</table>

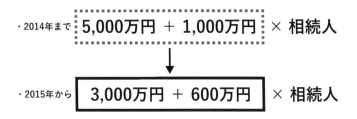

ました。基礎控除額とは「この金額までは相続税はかかりません」ということを意味する金額です。

例えば法定相続人の数が2人であれば、改正前までは基礎控除額が7000万円（＝5000万円＋1000万円×2人）となり、遺産総額が7000万円を超えなければ相続税を払う必要はありませんでした。

改正後は基礎控除額が4200万円（＝3000万円＋600万円×2人）となったため、遺産総額が4200万円を超えると相続税を払う必要があるのです。

加えて基礎控除の引き下げ以外の大きな改正点が、相続税率の引き上げです。相続税の税率は、相続する金額が大きければ大きいほど税率が高くなる超過累進税率とよばれる制度が採用されています。この税率が最高50％だったものが55％と増税となり、また一部の金額についても適用される税率が5％上がりました。

相続税や贈与税を計算するときの基準となる相続税評価額は、被相続人の残した財産を金銭的な価値に換算したものの合計です。例えば一般的に、現金や有価証券

不動産投資による相続財産の評価減

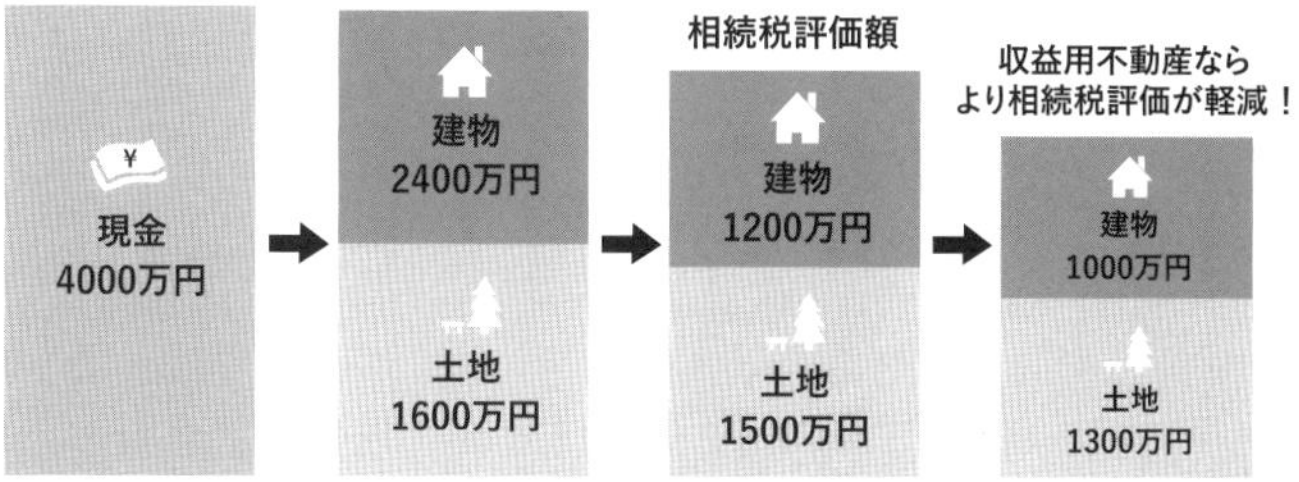

などは時価によって相続税の評価額を求めます。4000万円の現金なら、相続税の評価額も4000万円です。

これに対し、不動産は「その物件を今売却すれば、いくらで売れるか」が相続税の評価額になります。4000万円で購入した物件でも、評価額が4000万円になるとは限らないのです。不動産物件の相続税評価額は市場価格の6～7割ほどに下がることが多く、さらにその物件を賃貸マンションにした場合は約4～5割にまで下がります。相続税評価額を抑えられることで、相続税の納付額も削減できます。

大切なポイントとして、遺産を現金で持っているのではなく、不動産で持っていることが挙げられます。さらに、その不動産を賃貸物件として運用しているほうが、より相続税評価額が下がるのです。

相続税は相続税評価額による累進課税制度を用いていますから、相続税評価額が低くなればその分だけ節税になります。

毎月は黒字運用で帳簿は赤字計上のため所得税・法人税は激減する

客観的な視点で見ても、高年収の方は不動産投資を行うべきです。10万円で物件を購入し、翌年に還付金が300万円戻ってくれれば、投下した資金は早い段階で回収できます。弊社のお客様にも、そこで得たお金でニューヨーク市場の株を購入し、そこでも利益が出たので、株を半分売却して繰り上げ返済に充てたという方もいます。

このように繰り上げ返済もしていくと、還付金を落とせるものがなくなるので、さらに物件を購入して、資産を拡大することができます。なので、私が長期にわたってお付き合いしているお客様は、年間1、2室買い増ししていき、どんどん返済に充てているので、今では50室以上保有しています。

これはよく「減価償却の範囲で買い増ししていく」といわれますが、まさにそれを体現している例です。家賃収入で税金を払うくらいなら不動産を購入し、1回目に買ったときに落ちる経費が多いので、その範囲で買って落として、買って落として……という好循環サイクルにするのです。ここまでいけば、もはや何も恐れるものはないというほど、盤石な資産になります。

ですから、年収が高い人はなぜ収益不動産に取り組まないのか、私にはまったく理解できません。もし取り組まないほうがいい理由があれば、ぜひ教えてほしいです。

もちろん、誰もが取り組めるものではありません。しかし、これまでにコンサルティングをさせていただいた方々には「絶対に取り組むべきだし、プラスの成果を出せる確固たる自信がある」と本気で考えています。

多くのケースではシミュレーションソフトを使って3時間、4時間と話をしていると、前向きに検討されるケースが多いです。

減価償却イメージ

＜2020年に360万円の車を購入＞

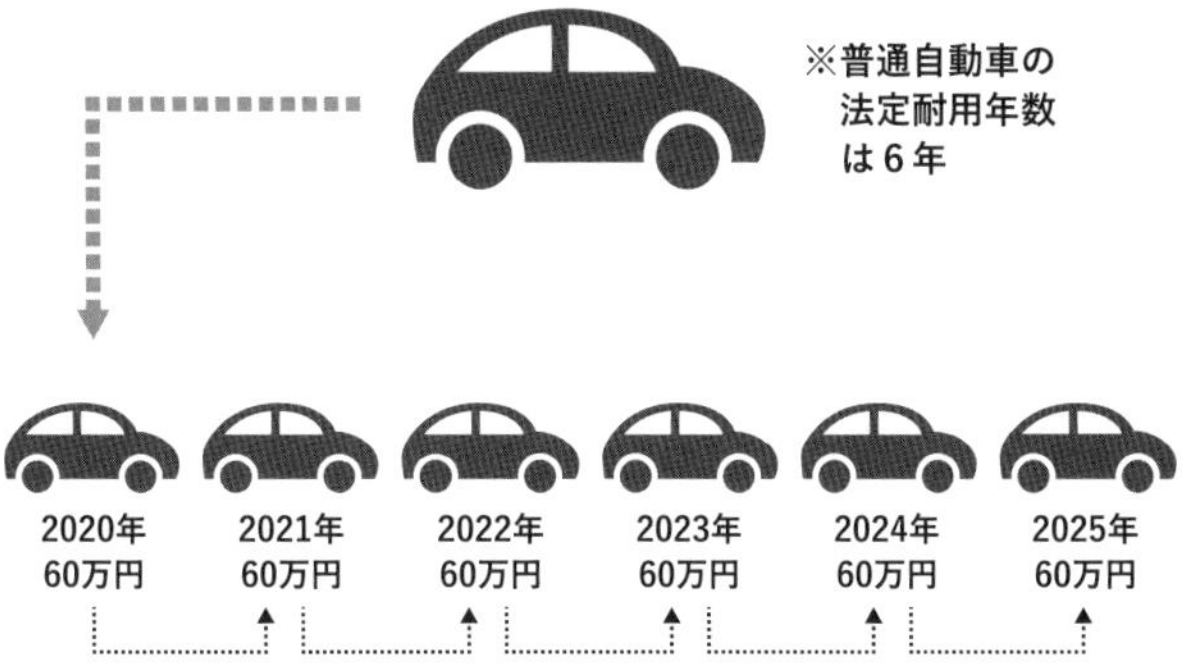

360万円を6年に分けて、経費として計上する

建物の構造別法定耐用年数

建築構造	耐用年数
鉄骨・鉄筋コンクリート（SRC）造	47年
鉄筋コンクリート（RC）造	
重量鉄骨造	34年
軽量鉄骨造	27年
木造	22年

節税のキーポイントとなる収益不動産の減価償却とは

減価償却とは、長期間にわたって使用できる資産を取得した際に、取得に要した費用をその資産の耐用年数の間に分散して費用計上する会計処理を指します。耐用年数は法律で決められており、それは法定耐用と呼ばれています。

例えば、360万円の普通自動車であれば、法定耐用年数は6年です。車を2020年1月に購入したのであれば、この年に一括償却するのではなくて、1年間60万円を6年かけて経費計上していきます。これを減価償却といいます。

収益不動産で減価償却費を算出する際には、まず土地と建物を案分します。土地は減却償却できませんので、建物を減価償却します。

償却年数の計算の仕方を、国税庁「中古資産の耐用年数」に沿って解説いたします。

まず、法律で定められている「法定耐用年数」（103ページ下の図を参照）にある法定耐用年数から、経過年数を差し引きます。

さらに法定耐用年数から経過した年数（築年数）を差し引いた年数に経過年数の20％に相当する年数を加えた年数が償却年数となります。これを計算式にすると以下のようになります。

償却年数＝（法定耐用年数－経過年数）＋経過年数×0・2

経過年数に0・2をかけるということから、築年数が経つほど減価償却が長くなるような印象をうけますが、そうではありません。経過年数を20％割り引いて、法定耐用年数から差し引いているのです。ですから、計算式は次のように考えたほうがシンプルで理解がしやすいでしょう。

償却年数＝法定耐用年数－（経過年数×０・８）

また、経過年数が法定耐用年数を超えている場合には、次の計算式になると法律で定められています（小数点以下切捨て）。

償却年数＝法定耐用年数×０・２

つまり、築年数が経った物件であるほど、減価償却できる年数が減っていくのです。短期間での償却の場合、償却が終わった後に税負担が一気に増えることになります。また、売却時の譲渡所得税も高くなる可能性があります。減価償却費として計上した金額分、簿価（帳簿上の価格）が低くなり、売却時に利益が出やすくなるためです。

「年数が経っているから償却年数が短い＝減価償却費が高くとれる＝節税になる」という側面もありますが、長い目で見れば償却年数がある程度長い期間あったほうが税負担は抑えられます。また、売却時の税金も見据えたうえで物件を選ぶ必要があります。

期間と建物比率で減価償却費のコントロール法で節税戦略も変わる

減価償却を毎年計上することで節税が可能となりますが、そのためには不動産の売買価格に占める建物費用の割合を大きくする必要があります。その理由は、前述したとおり土地の減価償却はできず、建物のみが減価償却の対象となるからです。

どのようにして建物割合を増やすのかといえば、売主との売買契約の際に建物と土地の按分を行い、そのうえで建物費の割合を大きく取ります。

ただし、買主にとっては建物割合が大きいほうが減価償却費が取りやすくなり歓迎すべきことなのですが、売主にとっては建物に消費税がかかり、土地には消費税がかからないということで、建物割合が少ないほうがお得です。そのため、売主、買主の合意が取りにくいということが起こりうるのです。

これが売主が消費税の非課税業者であれば、建物の割合は関係ないため合意が取りやすいといえるでしょう。

いずれにしても契約書には土地・建物の金額を明記することが重要です。その金額が建物価格の根拠となります（極端な割合の設定では税務署から否決される可能性があります）。

法人のケース

税金の繰り延べと運用および売却タイミングを図り安定経営を目指す

減価償却で行う節税スキームは、減価償却を行えば行うほど簿価が減っていくため、最終的に売却をする際には、簿価が減った分だけ利益が上がり、結局税金を支払わなければなりません。

つまり、減価償却での節税は「税金を支払わなくていい」のではなくて「税金の支払いを繰り延べ」しているのです。

だからといって意味がないわけではありません。というのも会社経営者であれば、お分かりいただけるかと思いますが、利益が出る年もあれば出ない年もあります。税金の支払いを繰り延べることで、まず手元のキャッシュを厚くすることができます。これは経営者にとって大きなメリットです。

また経営を続けているなかで、大きな赤字が出る期もあるでしょう。そこで簿価の下がった物件を売却することで、収益物件の利益を本業の赤字で相殺することができます。こうしたコントロールができるのが最大の魅力といえます。

個人のケース

損益通算で所得税・住民税を軽減し可処分所得を増やす

個人の場合は収益物件を活用することで経費を計上できますから、損益通算で所得税を圧縮することが可能です。減価償却は長い期間とれば、長い期間節税効果を得ることができます。所得税の税率が高いほど、その効果はあります。

また、売却時にかかる税金でいえば、法人の場合は法人税ですが、個人の場合は譲渡税がかかります。これは所有する年数によって税率が変わります。つまり、長く持ち続けることで税金を減らすことができます。

所有時は毎年の所得税を圧縮して売却時には20％の税率を適用させることで、長期にわたる節税が可能です。

収益不動産を再度取得し、さらなる節税と資産拡大を実行していく

ここまでは売却して完結させる節税スキームをご紹介しましたが、収益不動産を再度取得して、さらなる節税と資産拡大を実行していくという考え方もあります。

所有物件の減価償却が終わってしまえば、節税効果が失われます。そこで、新たに収益不動産を取得することで、さらに数年間、利益を先送りして税の繰り延べをすることができます。

追加で取得するタイミングですが、1戸目の減価償却が切れるころです。大きく経費を計上するというよりは、1戸目の利益を消す程度という目安で物件を選定するのがいいでしょう。

利益を相殺するという程度となるため大きな節税効果は期待できませんが、利益を抑えるという役割は果たすことができます。そのようにして物件を増やして規模拡大をするというやり方もあります。

この段階では区分マンションではなく1棟物件を取得することで、より効率的な節税が可能となります。

節税として生命保険・オペレーティングリース・太陽光発電・ふるさと納税はどうか

経営者のための節税ツールとしては、生命保険・オペレーティングリース・太陽光発電・ふるさと納税もあります。それぞれ検証してみましょう。

●生命保険

経営者向けの節税保険が人気でしたが、国税庁による新たなルールでそれが難しくなりました。節税保険とは解約返戻率が高く、毎月の保険料は法人で「損金（経費）」に計上できる保険です。

高額な保険料を支払って利益を圧縮して、保険料は返戻金で取り返せるというスキームは人気を集めました。過去には損金の計上は「全損」や「半損」や「1／4損」といったものがありましたが、新しいルールでは解約返戻率が50％を超える「節税保険」は、損金に算入できる金額が0となるか、大幅に減少する可能性が高いです。

つまり、節税保険のメリットがほとんどなくなった形となり、今後は節税商品としても魅力に欠けることとなります。

●オペレーティングリース

オペレーティングリースとは、リース期間満了時にリース会社がリース物件を査定して、リース物件価格から査定した価値（残存価格）を引いて、リース料を算定する取引を指します。

かつてオペレーティングリースに似た節税商品で、投資額以上の損金計上ができる「レバレッジドリース」が人気を博したことがありましたが、国税庁の通達により損金計上額の上限は投資額までとなりました。

オペレーティングリースの仕組みとは、投資家（出資者）が匿名組合契約を活用して船舶、航空機、コンテナといった大型資産に対して出資を募るものです。

匿名組合は集まった資金で航空機などを購入（必要に応じて銀行などの金融機関から借入を行う）し、リース契約の相手方である航空会社などに貸与します。資産自体は匿名組合の所有になります。

匿名組合は航空会社よりリース料を得て収益としますが、この収益は出資分に応じて投資家へ分配されます。法人で投資すれば、出資額を限度として損失分配金を損金に計上できます。

経費計上の時期は匿名組合の計算期間の末日になるので、その末日が会社の決算期より前の匿名組合に出資すれば、決算期末直前での節税対策も可能となります。

オペレーティングリースでは、リース料は毎年定額であるもののリース資産は定率法により多額の減価償却費を計上できるため、リース期間の前半は投資損益は赤字となります。

オペレーティングリースのイメージ

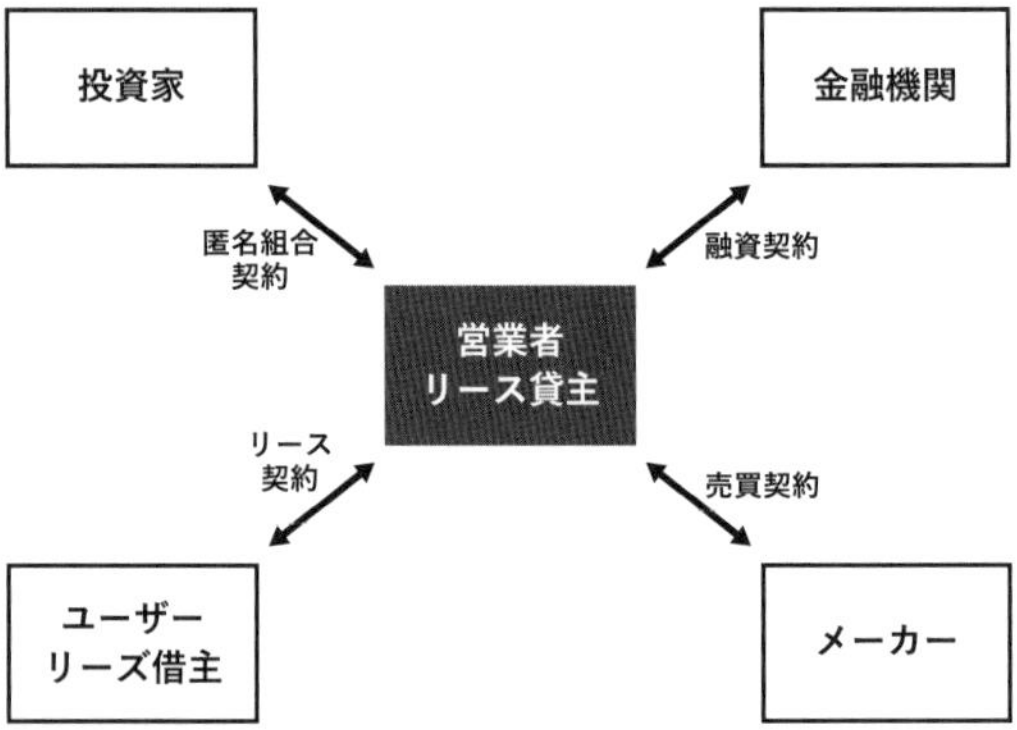

航空機リースの例

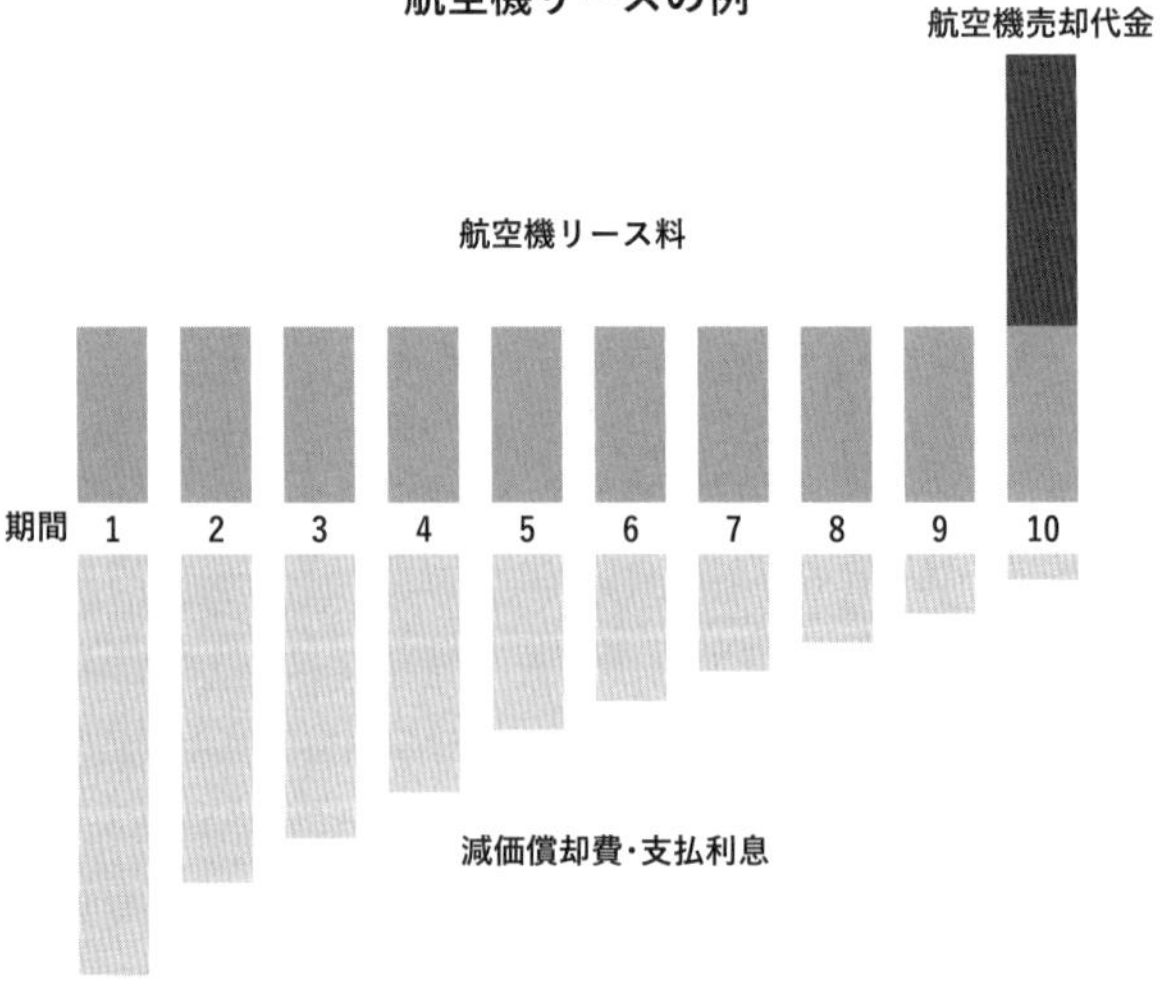

金融機関からの借入によりレバレッジが効いているため、早い時期に投資額相当の損金を生み出せるというメリットがあります。

また定期的に保険料の支払いが生じる法人保険とは異なり、オペレーティングリースでは投資額の支払いが初回のみです。リース条件などが明確であるため、安定した事業計画に基づき、タックス・プランニングにも活用しやすいのです。

リスクをいえば、オペレーティングリースは設計上、事業から生じる損金を先取りしている商品とも言えます。そのためリース期間の後半に益金が計上された際には課税が生じる可能性があります。

また、出資から事業終了まで8年～12年と長期間がかかり、この間の解約はできません。2つ目は、ドルベースでの投資案件が多いことから仮に8～10％利回りが期待されたとしても為替変動により期待利回りが減少する可能性があります。

そして投資元本の保証がされていないこともデメリットといえるでしょう。

●太陽光発電

期間限定の節税手法として太陽光発電があります。太陽光発電は国による売電という仕組みを利用して、減価償却費を計上して所得を減らしながらも収益を得るという節税手法です。

この手法の懸念事項としては、国による電力の買い取り価格が年々下がっていることです。固定価格買取制度が日本で導入された2012年には、太陽光発電の買取価格は産業用（認定容量10kW以上）で40円＋税／kWh、住宅用（認定容量10kW未満）で42円（ダブル発電：34円）／kWhとかなり高単価でした。

その後、年々下落傾向が続き、2018年度には産業用：18円＋税／kWh、住宅用は出力制御機器なしの場合：26円（ダブル発電：25円）／kWh、出力制御機器ありの場合28円（ダブル発電：27円）／kWhとなりました。

住宅用は2019年度には出力制御機器なしの場合：24円／kWh、出力制御機器ありの場合26円／kWhに、産業用（認定容量10kW以上500kW未満）の買取価格は14円＋税に決定しました。

過去に比べて買い取り価格が下がってはいるものの利回りは8～10%得られる太陽光発電もあり、住居用不動産と違い経費がほとんどかからないこと、減価償却が経費計上できること、また、融資を受けて行えることなど、複数のメリットがあります。

リスクをいえば将来性です。導入から20年間は電気の買い取りをしてくれますが、それ以後どのようになるのかが不透明です。

●ふるさと納税

ふるさと納税とは、生まれ故郷や応援したい自治体に寄附ができる制度です。「納税」という言葉がついていますが、実際には都道府県、市区町村への「寄附」です。一般的に自治体に寄附をした際、確定申告を行うことで、その寄附金額の一部が所得税および住民税から控除されます。

しかし、ふるさと納税では原則として自己負担額の2000円を除いた全額が控除

ふるさと納税の仕組み

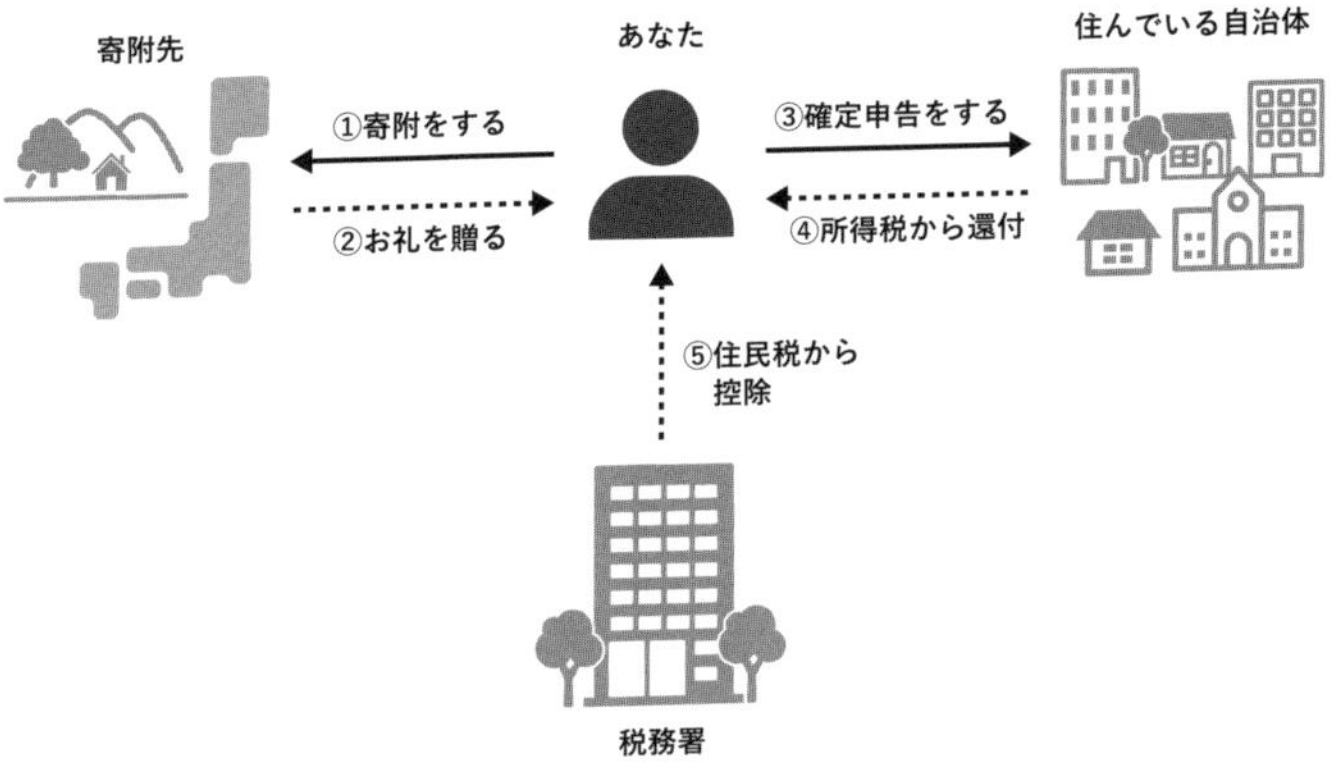

の対象となります。また、ただの寄附金控除ではなく、寄附金の使い道を指定できたり、地域の名産品などのお礼の品もいただけたりします。

税金控除を受けるためには、「確定申告」をするか「ワンストップ特例制度」の適用に関する申請が必要です。不動産投資を行っているケースでは、確定申告を行わなくてはいけません。

全額控除される寄附金額には、収入や家族構成等に応じて一定の上限がありますので、ご注意ください。ふるさと納税ポータルサイトにシミュレーションがあります。

第4章

優良な収益不動産と運用を提案する
～アスライフ・マインド～

徹底した対話から始める収益不動産投資

弊社では、物件ありきではなく一人ひとりのお客様と向き合うことから関係性を築いています。他社のように電話営業をしていないため、セミナーに参加いただいたお客様に面談のアポイントメントを頂戴し、お会いしてから具体的なヒアリングをするというイメージです。

特に不動産投資の経験がない方は、不動産投資に対して期待値よりも漠然とした不安を抱えています。

ですので、われわれはまずその部分から説明をし、そこで「自分もできそうだな」と思っていただけたら、初めて物件を提案しています。

ヒアリングの際は、例えば借入額の目安を決める際にも「年収の何倍だから」といった安易な決め方ではなく、家族構成、勤め先の年収の推移など細かく聞かせていただき、そのうえでベストな選択肢を決めています。

たとえ限界まで融資が引けそうであっても、資産状況からするとストップしたほうがいい、という判断をすることもあります。

弊社としては、お客様を成功に導くのが最も重要なことですので、自社の利益のために与信ギリギリまで物件を買わせるということは絶対にしません。

こうした信頼関係の構築は、ファイナンシャルプランナーの世界でも、最初に築く手順です。お互いに情報と心を開示しないと、なかなか話は前に進みません。

個別の悩みに応え、無理のないオーダーメイドの提案

　改めてになりますが、「選択肢が豊富」とは、大半の不動産会社が「新築区分」「地方一棟」など取扱商品が単一化しているなか、弊社ではお客様の属性や要望に合わせてオーダーメイドできるということです。

　例えば以前あったケースだと、34歳・未婚・看護師の女性に対して、とあるワンルーム業者は自己資金ゼロというのを謳い文句に3700万円の物件を買わせようとしていました。

　しかし、年齢から考えると今後結婚や出産をする可能性は十分にあり、そこで仕事を休んだら一時的に収入はゼロになります。そして大幅なキャッシュアウトをしてし

まいます。

その女性は、弊社に「この物件は買っても大丈夫ですか」と相談に来たのですが、すでにそのタイミングで引き渡しも完了していたので、「キャンセルは難しい」とお伝えするしかありませんでした。

しかし弊社だったら、そうした方に対して3700万円のワンルームを勧めることは間違いなく、ないでしょう。支払えなくなる時期が今後発生することも勘案し、現在の預貯金を鑑みて、もっと小ぶりな物件を提案していたはずです。

基本的に弊社では、投資初心者の方には利回りが少し低くても築浅で入居率が安定している物件、投資上級者の方にはリスクが多少あっても高利回りの物件をお勧めしています。

とはいえ、その方の投資に対する向き合い方、年収、節税効果、生命保険の状況なども考慮してベストな提案をします。

例えば、生命保険をかけすぎていれば「物件を買えば団体信用保険が付けられるので、見直したほうがいいですよ」とアドバイスすることもあります。

また、定年時まで働く気があるのかどうか、定年まで何年あるのか、といった点も含めてローン期間や投入する自己資金を変えたりもします。

目指すのは「全体資産の利益最大化」

「全体の最適化」とは、複数戸所有することで長期的な視点でリスクヘッジするということです。

私は、価格の高い物件を1戸だけ所有するというのは危険だと考えています。

時々、「超高級マンションを1億2000万円で買った。ただ、家賃は月80万円で、利回りは7・8%」というケースを見かけますが、もしその物件しか所有していなかったら、空室になったときのダメージは甚大になります。

ですから、1億2000万円で1戸買うよりも、2000万円程度の物件をエリアも分散させて複数戸買ったほうがリスクヘッジができるのです。

なお、所有する戸数は、ワンルームだと最低3戸だと考えています。1戸だと、仮に8万円でも管理費や修繕積立金を引くと、ローン完済後でも5万円ちょっとしか残りません。これが3戸所有していれば、単純計算で15万円になります。それくらいなら、年金としても十分助けになる額でしょう。

なお富裕層の方だと、節税効果も大きくなるので、かなりケースバイケースだといえます。例えば、すでに事業にコミットしていないのでしたら必然的に比例して件数も増えますし、安定して現状をキープしたいということでしたら所得税と住民税を節税できる件数になるでしょう。

それに合わせて、預貯金を現金でたくさん持っているのでしたら、将来的に半分くらいは不動産にして評価額を下げるという選択肢も考えられます。

弊社のお客様にも経営者で預貯金が100億円あるという方がいらっしゃいます。

未上場企業ですが、大企業とのパイプが太く、現金だけがずっと貯まり続けていたということでした。

その現金のうち、30億円はこれまで証券会社で運用していたものの、何も利益を生んでくれていなかったそうで、「それなら不動産に回したい」ということで弊社に相談に来られました。その方は融資を受ける必要はないので、すべて現金で購入するということでした。

この方の背景には、株の評価が高くなりすぎていたので、不動産を購入することで少しでも評価額を落として、相続が発生したときのダメージを減らそうとしていたこともあります。もちろん、資産がありすぎるので間違いなく税金を払うことにはなるのですが、少しでも圧縮するために不動産に回しているわけです。

ちなみに、大企業の大半は収益物件を所有しており、例えば大手ビール会社は賃料収入だけで45億円の売り上げがあるといいます。

銀座の和光のすぐそばにも日産のショールームがありますが、それは同社の所有物件で本業を補完するという役割があります。

いずれにせよ、「全体の最適化」とは、オーナーの置かれている状況や資産、目的（相続や事業承継など）に合わせて仕組みを作るということであり、それを実現するうえで不動産投資はかなり有効だといえます。

もちろん、そこまで考えていない方でも、将来的な収入源を作るために不動産投資を始める人はたくさんいます。

そのときポイントとなるのは、ＦＸや先物などドカンと儲かるものはリスクが高く、半ばギャンブル的なもので「投資」というよりも「投機」のほうが近いといえます。

しかし、われわれが勧めているのは「投資」であり、事前にシミュレーションをきちんと行っていれば、価格変動が安定的です。

顧客がうなるアスライフのシミュレーション

ここまで弊社では「シミュレーション」を徹底して行うということを繰り返し述べてきましたが、その点について詳しく説明しましょう。

弊社のシミュレーションソフトにいくつかの条件を打ち込むと、融資条件、築年数、返済状況の推移、繰り上げ返済のシミュレーション、空室率に応じた家賃の変動率などが算出できます。

特に強みとなるのは、複数の物件を一括で管理できるということです。物件単体でのシミュレーションが通常で、なかなか複数合わせてというものはありません。

また、シミュレーションの一例として、「所有29年間、売却価格が1年ごとに1％下がる」「賃料が30年間1%下落する」「空室が毎年5%出る」「金利が3年ごとに0・3%上昇する」といったストレスをかけて算出します。

普通のシミュレーションでは、ストレスをかけないものが多くあるなか、弊社ではさまざまな項目のなかから選んで計算をしています。

ちなみに、プラスの項目としては、例えば繰り上げ返済が挙げられます。これも大半の企業では見逃されているのですが、繰り上げ返済によって算出される結果は大きく異なります。

例えば、毎月5万円ずつ貯めて年間60万円繰り上げ返済するとしたら、その数字を反映できるシミュレーションでなければ、正しい結果が出ているとはいえないでしょう。

また、弊社のシミュレーションでは、還付金の計算もしています。毎年200万円の還付金があった場合、どの程度キャッシュが残るのかということも算出できます。

ここまで細かくシミュレートできる不動産会社はかなり限られているといえるでしょう。

よく地主の方々が「家賃一括借り上げ30年間」といったスキームで収支計算していますが、往々にして良いところばかりを反映させて算出したものであり、リスクを勘案していないといえます。つまり、あくまでそのシミュレーションは「理想像」を出しているに過ぎないのです。

だからといって、シビアに見過ぎると、不必要な恐怖感を抱くことになるのでおすすめできません。

このあたりの「何をリスクと判断し、シミュレーションの項目に入れるのか」という点は、やはりプロでないと選別が難しいでしょう。

弊社は、会社としても100室ほど所有しており、実際に回せているというのもポイントだといえます。実地の経験がなく、単にお客様に勧めているわけではないということです。

自分たちで賃貸業を行っていない不動産会社はたくさんありますが、やはり自社でもやっているからこそオーナーの気持ちがよく分かるという側面はあります。

収益不動産の取組み後も最大限のサポートを約束

弊社では、購入後も無料で勉強できる仕組みを作っています。

例えば、オーナー同士の懇親会もありますし、提携している税理士が12月に確定申告の勉強会を開いてくれたり、中小企業のオーナー向けのセミナーなどもあったりします。

弊社で購入いただいたオーナーの方々には、保証カードが配られます。多くの会社が「アフターサービスもきちんとやります」と言っておきながら、実際には何もしないケースが多いのですが、弊社では「保証契約書」を交わしているのです。

つまり、口約束で終わらせることなく、保証契約も交わして保証カードとセットで提供しているということです。

また、われわれのお客様の職業・職種は、実にさまざまです。なので、弊社とオーナーの方々で人生が充実するような懇親会をもっと開催していきたいと思っています。実際、医師とＭＲのお客様が弊社のオーナー懇親会を通じてつながり、ビジネスに発展したケースもあります。

このケースのように、お客様同士がつながってＷｉｎ－Ｗｉｎの関係が築けるというのは非常にうれしいことです。

業者目線でいうと、そういったお客様同士のつながりによって、新規顧客を紹介してもらえるという側面もあったりします。

税務・法務・リーシング・リノベ・売却の360度フォロー

いくら不動産投資を始めて節税対策を行っていても、それを正しく申告しなくては意味がありません。税務に関しては非常に重要なことなのですが、フォローしている不動産会社は少ないといえます。

しかし税務関連を適当に対処していると、節税効果を失うばかりか、税務調査に入られて追加で税金を支払う事態に陥ってしまうリスクがありますので、やはりプロに相談しながら進めていく必要があります。

節税メリットを謳っている不動産会社であっても、大半の営業マンは確定申告すらしたことがないですし、減価償却の計算ももちろんできません。そうした税に無知識の営業マンでも「節税できます」と得意げに言っているものなのです。

ちなみに弊社の社員は、全員確定申告書の理解を深めています。もちろん、確定申告のアドバイスを税理士以外が行うことはできませんので、社員はあくまでサポートという位置づけで、提携の税理士先生からより詳しく正確な知識をお客様に提供しています。

また毎日多忙な生活を送っている方々にとって、不動産投資の打ち合わせで時間・場所を調整するのは難しいかもしれません。

実際、不動産会社のなかには「打ち合わせは必ず自社にご来社ください」というスタンスの会社もあります。

しかし弊社の場合、打ち合わせの時間・場所はかなり柔軟に対応しています。

場所に関しては、都内13カ所、大阪2カ所、名古屋・福岡それぞれ1カ所にサテライトオフィスを借りており、いずれも好立地なので、そのなかのお客様の要望する近くのところで打ち合わせができるようにしています。サテライトオフィスがあるおかげで、例えば昼休みの1時間で打ち合わせをすることも可能です。

なかには喫茶店で打ち合わせをする業者もいますが、都心の喫茶店は混んでいる時間が大半ですし、席のスペースも広いとはいえません。ビジネスの話が気軽にできる空間ではないでしょう。同じことはホテルのラウンジでもいえることだと思います。ですので、静かな場所でゆっくり話ができるよう、サテライトオフィスで打ち合わせをするようにしているのです。

管理会社と運用・売却目線からの収益不動産選定と提案

本当の富裕層は、単に収益不動産を購入したいのではなく、全体的な経営の見直しや経営戦略、ブランディング戦略などまで、総合的な視点でアドバイスをしてくれるパートナーを求めています。弊社は、そうした方々にもご満足いただけるようさまざまな観点でのアドバイスを行っています。

ただ購入するだけでなく、運用や売却を見据えた収益不動産の選定と提案です。そのほか、税務、M&A、融資の知識なども有してます。そうしたポイントを考慮して、銀行や税理士、弁護士とタッグを組めるような環境を提供しています。

お客様のなかには、年収が高すぎるために税金の心配をなさっている方が多くいます。それ以外にも、製造業の会社で、内部留保が現金で10億円にも達しているお客様がいらっしゃいます。証券会社に3億円預けて運用しているものの、運用益が少ないため「この現金を使い、収益不動産を購入して運用したい」という相談にみえました。

その方の会社はバブル期にうまく儲けてキャッシュがたくさんあるものの、本業のビジネスは衰退の一途をたどっているため、経営の多角化を目指しており、その一環として収益不動産のオーナー業に関心を持たれたという経緯があります。

また、数十億円で会社の売却をしたお客様もいます。この方の場合はキャッシュはあるものの、事業は残ってないので、どうしようか悩まれていたそうですが、「一部のお金を不動産に入れ、家賃収入で自分たちの生活費は工面できるくらいにしたい。ただし、現金を使いたくないので、なんとか低金利（1％以下）で融資を組んでほしい」というオーダーでした。

そのご要望に対してご提案し、物件を購入していただくわけですが、弊社は普通の不動産業者とは違い、販売商品のラインナップが豊富です。

大半の不動産業者は、区分、一棟、戸建てといったように取扱商品が決まっており、投資家の希望や状況に合わせた柔軟な提案ができず、いかに自分たちの取扱商品に話を持ち込めるかを考えています。

しかし、弊社は中古物件がメインではあるものの、オーダーによっては土地やビルなどの商品も積極的に対象に入れています。

加えて、それに付随する難易度の高い問題があったとしても、それを解決する力も持ち合わせています。

前述の例がまさにそうで、土地の売却を希望されている方がいて、その土地を5区画に割って買いたいという業者がいたとします。そのとき、周りの境界の問題をすべて解決しなければ土地を割れないわけですが、そういった難しい業務にも対処できる実績があります。

第 5 章

有利な金利と期間で
ローンを組む資金調達術

金利・期間・自己資金割合の3セットで借入を決める

資金調達について、多くの方は誤解をされています。ここでいう資金調達とは、銀行からお金を借りることを指します。特に不動産投資は高額の商品ですから、借金の金額も大きくなりがちで、高額の借金に不安を覚える方もいらっしゃるでしょう。

初心者にありがちなのは「借金が怖い」という思い込みです。また日本人は幼いころから「借金＝悪」という風に刷り込まれているケースが多いです。

ここで皆さんにおたずねしたいのですが、「良い借金・悪い借金」の話を耳にしたことはありませんか？

浪費や消費のための借金は「悪い借金」といえますが、長期的かつ計画的に資産を増やして人生を豊かにできる場合には、それは「良い借金」です。

第2章でも触れましたが、不動産投資の魅力の1つは、少ない自己資金でも金融機関からの融資を受けて物件を買えることです。これをレバレッジをかけるといいます。

レバレッジとは「てこの原理」のことで、「てこ」があれば小さな力で大きなものを動かすことができるのと同様に、自己資金が少なくても購入物件を担保にして融資を受けることで、大きな金を動かして投資を行い儲けを得る仕組みです。

ここでポイントとなるのは、株式投資、FXなどもレバレッジをかけた投資が可能ですが、融資を使うことができません。こうしたレバレッジのかけられる投資に対して、金融機関から融資が受けられるのは不動産投資だけです。それは前述したように不動産は担保に入れることができるため、ほかの投資とは一線を画すのです。

自己資金の金額は物件や金融機関、その投資家によって変わります。弊社が売主になる物件限定になりますが、10万円あれば区分マンションのオーナーになることができます。

また、株の信用取引では投資している株式の価格が最低維持保証額を下回ると、追加の保証金を入金しなくてはいけません。これを追証といいます。

これはＦＸも同様で証拠金維持率が１００％を下回ってしまうと、同じように追加の保証金の入金を求められます。追証まではいかなくてもロスカットといって、相場の暴落や暴騰時に投資家保護のために、保有しているポジションが強制的に決済されてしまうという仕組みもあります。つまり、投資した分が0になったり、マイナスになったりする可能性があるのです。

これが不動産投資になると少ない元手でレバレッジをかけて投資ができるうえに、万が一、物件価格が下落して担保価値を下回ってしまっても、金融機関から返済を求められることも保証金を追加する必要もありません。融資を受ける際にローン契約（金銭消費貸借契約）を結びますが、その内容どおり月々の支払いをすればよいのです。

とはいえ、昭和バブルのような特殊な事態にならない限りは、物件価格がそこまで大きく下落する可能性は低く、また下落するといっても他の投資のように「まったく価値がなくなる」ということはありえません。

また、物件価格が下落しても入居さえついていれば、月々の家賃が支払われキャッシュフローが受け取れます。つまりインカムゲインはそのまま得られます。ローン返済が進んで残債が減っていけば、多少物件価格が下落したところで損はありません。

メガバンク・地銀・信金・公庫、借入主体で変わる金融機関

大半の不動産会社では、提携関係にある金融機関は1〜3社程度で選択肢が狭いといえます。

弊社では、金融機関との提携ローンが豊富です。それは事業用ローンとして持ち込めるからです。

事業用ローンの場合、昨年の事例だと30年、0・8%で地方銀行からローンを引いた実績があります。その地方銀行の本店に掛け合って役員クラスまで直接話をして、融資を引きました。

直近でも、とある地方銀行にて25部屋を30年、1・2%で組むことができました。3回に分けて8部屋ずつ購入していますが、オーナーには大変喜んでもらいました。この条件だと、かなりのキャッシュフローが生まれるからです。

この数字は、少しでも不動産投資を勉強している方なら、いかにすごいか理解できるはずです。30年、0・8%という条件は、かなり上級レベルの不動産投資家でも受けられない条件です。

通常は、一部の金融機関やノンバンクに頼りきっていて、そこに合わないと融資を受けられないという不動産会社が大多数です。しかし弊社なら、一人ひとりに最適な融資先をアレンジできます。

現状はアパートローンに対しての引き締めはありますが、事業ローンであればまだチャンスがあります。

そして、区分マンションは一棟と比較すると、まだ比較的好条件で融資を受けられます。一棟はかなり引き締めが強く、高利回りであっても初心者が融資を受けるのは難しい状況です。実績があるプロレベルの投資家が参入できるくらいです。

しかし弊社なら、そもそも他社では提携ローンが限られているなかで範囲が広く、しかも事業用投資でオーダーメイドの融資をお客様に合わせて組むことができる、そして金利も1%未満の結果も出ている、という手前味噌ですが、驚愕の実績があります。

金利1%未満がいかに低いか分からない方もいるかもしれませんが、例えば高金利の地方銀行だったら4・5%、ノンバンクだったら3・9%、仮に提携ローンでも2%を切ったら十分低いというイメージです。

低金利で融資を組めるということは、投資において圧倒的な優位性を手にすることと同義です。

ちなみに他の例でも、6部屋セットで購入された方が、某都市銀行で1・475%という実績もあります。現在は非常に融資が厳しいので、この数字と実際の銀行名を不動産会社や中上級者の不動産投資家が聞いたら驚くはずです。

ただ私は、他の業者は手間をかけたくないから、付き合いのある金融機関に声をかけているのではと感じています。

弊社の場合、たとえ手間がかかったとしても、お客様のために少しでも金利の低いところで融資を受けられるよう努力をしています。

富裕層だと、本当は提携ローンを使わずに好条件の金利で融資を引けるのにもかかわらず、不動産会社の社員一人の仕事の量を理由に、提携ローンで終わらされているケースが多々見受けられます。

しかしそういう方なら、低金利で長期の融資が受けられ、キャッシュフローがしっかり出る条件で買ってもらいたいと弊社では思っています。

もちろん本音を言えば、事業性ローンは手間がかかるわけですから、弊社のコンサルタントにとっても喜ばしい話ではありません。

提携ローンだと、年収や返済比率で分かりやすい基準が設けられていますが、事業性ローンだと一律に決められるわけではないため、業者側にもファイナンスの知識が求められますし、そもそも会社としても提携ローンのほうが利益率は高いので、単純にビジネス的観点から見ると、生産性が高いとはいえません。

しかし、だからといって、プロである以上、お客様の利益を優先しないわけにはいきません。他の不動産会社がどう言うかは分かりませんが、これが私たちの哲学です。

そうした考えで業務に携わっているせいか、そうしたかたちで頑張ったお客様はお知り合いを紹介してくださるもので、その数は弊社だけでも毎年数十件にも達します。

金融機関の目線を知る「人」・「法人」・「担保」について

融資を受ける際にポイントとなる金融機関からの目線について解説しましょう。前提として見られるのは左記の3つとなります。

・人　（個人属性）
・法人（経営状況）
・担保（物件評価）

人というのは、その投資家がいくらの年収を得ており、金融資産を所有しているのか。年齢、勤務先や勤続年数といったことも関わってきます。その人が社会的にどれくらいの信用があるのかといったところを金融機関が判断する材料となります。

法人というのは、個人属性の会社版で、その法人へお金を貸し出してもいいのかといったところを判断します。簡単にいえば、毎年黒字で利益を出し続けている法人であることが第一条件となります。

担保とは債務者がお金を返済できなくなった際、債権者に返済の原資として提供されるものをいいます。この場合は購入する収益不動産が担保となるため、担保については、借りる人ではなくて、購入物件にフォーカスした評価となります。

簡単にいえば、その不動産を売却したときに得られる対価はいくらなのかということを各金融機関が評価します。その見方は金融機関によって多少変わるものの、収益性（どれくらいの賃料収入を稼ぎだせるのか）、積算評価（土地と建物の価格を合算）から評価されるケースが多いです。

融資金額と自己資金で取組む収益不動産の規模を決める

金融機関の目線を知ったところで、借りられるおおよその金額が分かります。加えて、使える自己資金がいくらかというところを算出すると、どのような収益不動産に取り組めるのかということが明確になります。

物件購入に関わる金額は、物件購入価格に加えて、諸費用が必要です。諸費用というのは、左記となります。

●契約時

仲介手数料

売買契約印紙税

●融資実行時

ローン契約印紙税

融資事務手数料

ローン保証料

火災保険料

司法書士報酬

登録免許税

●取得後

不動産取得税

金額の目安は物件購入価格の7％です。この物件価格＋諸費用のうち、いくらが自己資金（頭金）でいくら融資を受けるかというところが分かって初めてどのような物件に取り組めるかという判断ができます。人によって物件の価格帯も変わりますし、1戸所有するのか、複数戸所有するのかといった部分も変わります。

なお、かかる費用について補足すれば、初期だけにかかる諸費用とは別に、固定資産税（毎年）・管理費（毎月）・修繕積立金（毎月）といった年毎、月毎にかかる費用もあります。これらを織り込んだうえで、しっかりと収益が出る物件を選定しています。

「連帯保証人」は基本的には不要

収益不動産の活用において融資は必要不可欠なものです。ただし、融資を受ける際には配偶者の連帯保証をつけなくてはならないと決められていることが多かったのです。

例えば、夫が買主となり区分マンションを購入するためにローンを組む場合、妻を連帯保証人にするよう求められました。たとえ妻が支払い能力のない専業主婦であっても保証人になることを求められます。

これは債務者である夫に万が一のことがあったときに、連帯保証人である妻がスムーズに引き継げるというメリットもありますが、連帯保証人は債務者（ローンを組んだ人）と同じ責任を持ちます。万が一、支払いが滞納すれば、連帯保証人へ請求が行くので注意が必要です。

また、連帯保証人になってほしいと思っていても、配偶者の協力が得られないケースであれば大きなハードルとなります。

しかし、こうした動きとは別の動きがトレンドになっています。最近の不動産投資ローンでは連帯保証人が不要のケースも多く、配偶者を説得する必要はありません。

もちろん、黙って投資をすることはよくありませんが、ハンコを押して連帯保証人になることに拒否感を持つ配偶者も多いでしょうから、投資や趣味は別々に過ごす……というようなルールづくりをすれば問題ないでしょう。

第6章

オーナーは物件を「ほったらかし」でも良いアスライフの運用管理

オーナーは「家賃を受け取るだけ」の手間不要なシステム

収益不動産を活用した不動産投資では、オーナーのすることは非常に限定的です。世の中に出回る不動産投資の指南本には、オーナー自らが勉強をして、物件探しに奔走したり、購入後はＤＩＹから工事の手配、なかには客付け会社を持ったりという、いわゆる〝大家さん業〟に精を出す方もいらっしゃいます。

それはそれで一つのやり方であり、昔ながらの地元に根付いた地主さんであれば、理想的な姿ではないかと思いますが、私たちアスライフの運用哲学では、オーナーのすることは極力なくしていくのが理想だと考えています。

というのもエグゼクティブにとって時間は貴重です。忙しいなかで不動産投資を両立していくため、資産を形成していくにあたり、多くの時間を割かなければならないのであれば、そもそも不動産投資を行うのは難しいのではないでしょうか。

第1章で不動産投資のメリットをいくつか挙げましたが、不動産投資には「運用するための仕組みが整っている」というのも大きな武器です。

売買においてはオーナー判断は必須ですが、日常の運用における問題については私たち管理会社がしっかりと回していきます。そう、オーナーは「家賃を受け取るだけ」で手間は不要なのです。

事実、多くのお客様が「普段は不動産を持っていることを忘れている。通帳記入をするとお金が増えているので、そこで改めて不動産の存在を認識する」そんな程度です。

先ほど述べたような〝大家さん業〟とは違って、自分が物件を持っているのを忘れてしまうくらい、手間がかからない。それくらいで良いのです。

信頼できる管理会社の条件は6つのポイント

オーナーが家賃を受け取るだけという状態でいるためには、頼りになるパートナーの存在が不可欠です。ここでは信頼できる管理会社の条件を分かりやすく6つのポイントにまとめて紹介いたしします。

point ① 少額資金でスタートし早期回収する

不動産投資のメリットの一つとして、レバレッジを利かせられることが挙げられます。そのため、できるだけ自己資金を使わずに投資を始めたいと思っている人は多いでしょう。

実際、不動産投資だけでなく人生におけるリスクというのは、大半はお金で解決できます。万が一、病気になったり事故に合ったりといった不可抗力のトラブルこそ、手持ちの現金にゆとりがあることでしのぐことができます。「キャッシュ・イズ・キング」といわれるように、現金は出し切らずに温存しておくべきです。

そういった背景をふまえ、弊社では初期費用10万円で投資用マンションが購入可能なプランを用意しています。貯蓄を減らすことなく、手軽に不動産投資が始められます。

これはすべての人が受けられるサービスではありません。それでも、ある一定基準を満たしていれば10万円でスタートができるので、とても大きなチャンスです。

ちなみに、不動産投資でのレバレッジは12倍ほどです。ＦＸであれば25～30倍までレバレッジを利かせたりもしますが、不動産投資ではそこまで高いリスクをかけずに投資ができます。

初期投資が10万円ならスタートのハードルは低いですし、極めて高確率で元手以上は稼げます。例えば、10年間で２００万円の利益が出れば、１９０万円の儲けになります。これは何ら難しくありません。

また、不動産投資を少額の自己資金で始めると、投資額に対する利回りが大きくなるというメリットがあります。

例えば、物件価格が1億円、表面利回り7％の投資用マンションを、自己資金が100万円の方と1000万円の方が購入したとします。

同じ融資条件で運用を始めた場合、投資額に対して得られる収入（1億円×利回り7％）の倍率は、自己資金1000万円の方は投資利回りが70％に対し、100万円の方の投資利回りは700％にもなります。

このように、投入する自己資金が少ないほど投資効率を高められることも不動産投資の魅力の一つです。少額での自己資金を早期に回収することが可能です。

point② 家賃滞納を保証

※要件を満たした物件に限り、サービスを提供させていただいております。

「たとえ入居者が入っても、家賃を払ってくれなかったらどうしよう」という不安は多くの方が抱かれるものです。

そうした不安に対し、弊社では3カ月以上の家賃滞納があった場合、その金額を保証しています。不動産管理会社を母体とする会社だからこそできる安心のサービスです。

これは入居者側の立場になって考えるとわかりやすいですが、支払先が個人よりも管理会社のほうが支払いのプレッシャーはあるものです。つまり、家賃の支払先が個人なのか管理会社なのかという段階で、すでに滞納リスクは異なるということです。

また実際に滞納が発生したときも、オーナー個人が電話をかけて、督促や催促を行うのは心理的にも時間的にもハードルが高いです。

しかし弊社では、滞納が起こった際の対応が可能です。弁護士などと打ち合わせをしながら内容証明を打ったりして解消していきます。管理会社として、家賃滞納は許してはいけないことですので的確に対処しています。

ちなみに、家賃滞納者は年々増加傾向にあります。この背景には、雇用が不安定ということと、高齢者や外国人のニーズの上昇が原因だと考えられます。

なお、最も家賃滞納率が高いエリアは大阪ですが、今後は東京も高まるのではと予想しています。

そういう意味では、やはり最初の段階での入居審査が大事です。強引に客付けをする会社も一部存在しますが、そうなると滞納率が高くなりがちです。一方、審査が厳しい会社だと、滞納率は低くなります。

弊社の場合、入居審査で意識していることとして、まず外国人であれば、日本人の保証人がいない限りは、入居をお断りしています。

なぜなら外国人の場合、家賃が払えなくなって母国に帰ってしまうケースがあるからです。さすがに海外までは追えないので、そのリスクを考えたうえでの判断になっています。

また高齢者の場合、親族と同居という条件でないと入居をお断りしています。近年、「孤独死」が社会問題となっていますが、万が一孤独死が起こってしまうと、さまざまな対応が必要ですし、部屋に対しても心理的・物理的な被害が発生するからです。

なお、外国人、高齢者ともにワンルームの場合の入居条件となります。

それ以外にも、年収が低く職が安定していなさそうな人はお断りしたり、連帯保証人を付けていただいたりします。

客付けが強引な会社だと、「保証会社が付いているなら連帯保証人はなしでもいい」と判断したりします。

しかしその場合、保証会社が家賃保証をしてくれるものの、例えば荷物を置いて夜逃げされたときに荷物の処分はしてくれません。

このように保証会社の免責事項がいくつかあるため、そういったリスクも考慮すると、やはり連帯保証人は付けなければならないでしょう。

実際、単身のワンルームであれば、連帯保証人なしでも入居させているケースは多いのですが、トラブルに発展することも珍しくありません。

家賃滞納している部屋というのは、往々にして荷物が置かれていたり、壁に穴が開けられたりして散々な状態になっているものです。きちんとその対応への請求をするためにも、連帯保証人は付けるべきです。

point ③ 設備保証

※要件を満たした物件に限り、
サービスを提供させていただいております。

弊社では、ご購入いただいた不動産において、エアコン・給湯器等、指定の設備の不調・故障による修理・買い替えを一定期間補償しています。

現在、弊社の管理物件は1000戸に及びますが、そのうち年間50個の給湯器が寿命を迎えて壊れています。給湯器の寿命は一般的に15年といわれており、築15年程度の物件を多く管理していることを考えると、むしろ数的には少ないといえるかもしれません。

また、クーラーの故障も10年、15年経つと増えてきます。ただ、それくらい前のものだと部品が製造されていないことも多々あり、その場合は丸ごと交換します。手前味噌になりますが、このレベルでサービスを行っている不動産会社は、弊社以外に聞いたことがありません。

なぜ弊社がここまでのサービスができるかというと、管理戸数が多いので保険会社のようにリスクを分散できるからです。

年間50個の給湯器の故障が起きても、全体でみれば20分の1、つまり5%です。確率としては低いのですが、もし購入した物件で故障が起きたら、その方には大きな負担になってしまいます。その負担をなくすために、こうしたサービスを行っています。

point ④ 定額リフォーム

※要件を満たした物件に限り、サービスを提供させていただいております。

不動産投資家にとって、物件の入退去時に発生するリフォーム費用（原状回復費）も、先の読めない出費のため不安を抱きがちです。そこで弊社では、リフォーム費用を最大15万円までとし、その差額を弊社が負担し維持コストを計画的に考えられるようにしています。

リフォーム費用は、特にフローリングが傷んでいるときは高額になる傾向があり、かつ給湯器が壊れていたりすると、最大50万円程度になることもあります。

先日もリフォーム費用の見積もりをとったとき、給湯器が壊れていたので10万円程度だと思ったら、オーナーのもとに40万円の見積もりがきていました。

これはおかしいと思い、よくよく調べてみると、パイプスペースが非常に狭いため、入れられる機種が限られているので、追い炊き機能や床暖房が必要ないのにもかかわらず、そうした機能が付いたものしか選べない状況だったのです。

この物件のオーナーは2戸しか所有していなかったのですが、そのうち1戸が大きな出費になってしまいショックを受けていました。昔は保証付きサービスもなかったので、「今だったら適応されていた」という話をしました。

こうしたことは頻繁に起こることではありませんが、例えばオーナーチェンジだと中が確認できないので、万が一ということもあり得ます。

これが新築ならば保証が付いていますし、何かあっても直してもらえます。

しかし、中古だと普通は保証がありません。

弊社のサービスは、車でいうところの「認定中古」のようなものです。

例えば中古でポルシェの車を買った場合、故障や破損したら普通の車よりもお金がかかります。

しかし認定中古で買えば、少し割高にはなるものの、保証がついているので故障や破損しても保証が効きます。これと同じことを私たちは収益物件に対して行っているのです。

もし原状回復時にリフォーム費用が50万円もかかったら、誰もがショックを受けるでしょう。

しかし弊社のサービスを受けていれば、たとえ50万円の請求があったとしても、オーナーの負担は15万円までで残りの35万円は弊社が負担します。

もちろん、保証が付いていない物件であっても、オーナーの負担が最小限になるよう、法に則って入居者に請求をすることもあります。

いずれにせよ、弊社はオーナーにできる限りダメージがいかないように対処しています。

現実に意外と多いのが、管理会社が面倒がってリフォーム対応をオーナーに丸投げしてしまうケースです。

しかし弊社では、オーナー負担と入居者負担に割って見積もりを作成し、それぞれに請求を出して支払ってもらうというかたちをとっています。

歴史を振り返ると、かつて入居者に何でも請求していた時代があり、それに規制をかけるような「東京ルール」などができ、以降は全国的にオーナーが負担する流れになっています。

そのせいか、不動産投資家、特に地主には、よくわからないままとりあえずオーナーが負担するという考え方で、実は損を被っているケースもあります。

弊社がなぜこのようなサービスができているかというと、入居者に対してきっちり請求しているからです。

point ⑤ 売却にも強い

不動産投資家のなかには、

「自分の物件はうまく売って利益確定できるだろうか」

「もし安価でしか売れなかったらどうしよう」

という出口戦略に関する悩みを持つ方も多いでしょう。

弊社の場合、投資用不動産のコンサルティング、不動産管理で築いた良質なネットワークを保持しているため、物件の買い取りも好条件に提案できる体制を持っています。

個人の不動産投資家はもちろん、企業社宅の買い取りも行っています。従業員の福利厚生、また不動産投資対策として社宅を活用している企業様の効率的な運用をサポートします。

また、弊社は不動産管理会社を母体とするため、リフォームや清掃などの手間を避け、良い状態で物件を売却することが可能です。

実際、これまで持ち出しが発生するような売却はほとんど出ていません。

それは売却先が優良ということもありますが、そもそも運営期間を通してローン返済が進んでいるということもあります。

こうした法人とマッチングするのは、いわゆる〝超大手〟といわれる企業しかできません。

ただ、そうした企業だと大規模物件しか基本的に扱わないため、小さい物件に関しては供給先が限られているのです。

法人に人気の物件の特徴といえば、やはり建物の質がある程度担保されていて、立地が良いということです。それならば企業にも安心して買えると判断されます。

これが一棟を専門に扱っている不動産会社だと、駅徒歩15分だったりして立地が良くないことが大半です。

かといって、企業が丸ごと一棟を買うことはまずありません。そうなると、社員寮のようになってしまい、現代では社員からの受けがあまり良くないからです。

なので、社宅として提供できるように「このエリアに1戸ほしい」という要望が多いといえます。企業が社員寮よりも社宅を求めているのは、今の時流といえるでしょう。

point ⑥ 選択肢が豊富

多くの不動産会社は、取扱商品を絞っています。例えば、大きく「一棟物件」（マンション・アパート一棟）と「区分所有物件」（マンションの1室）に分けることができますが、一棟のなかにも「新築木造」「地方RC」、区分でも「新築ワンルーム」「中古区分」といったように細分化されています。

しかし弊社の場合、商品ラインナップは豊富で、お客様一人ひとりに適した商品を提供することができます。ですので、例えば「青山の物件が欲しい」ということでしたら、われわれは青山限定で探すことができます。

ただ、お客様の希望に応じすぎると投資自体が失敗に終わる可能性もあるので、シミュレーションを行ったうえで、最もご希望に沿ったエリアの物件を提案しています。

入居率はもちろん稼働期間を伸ばすアスライフの「戦略的な管理」

「物件を購入したあと、どのように運営していけばいいのか」という不安を持たれる方もいると思いますが、不動産投資はすでに仕組み化されているビジネスなので難しく考える必要はありません。

例えば、管理の面でいうと、家賃の集金、定期清掃、客付け、クレーム対応、修繕手配などすべてのことが外注可能です。なので、オーナーは物件を購入しさえすれば、あとは判断するだけで賃貸経営は進められるのです。

管理会社については、販売会社や売買仲介の専門会社があり、そこが選んでくれたり相談に乗ってくれたりすることが通常です。

弊社では入居者に長く住んでもらうためにさまざまな施策をオーナーに提案しています。例えば、更新料不要・家賃保証会社の更新料をオーナー様がサービス・退去後の室内バリューアップなど個別での提案になっていてアイデアも多彩で好評です。

また売却したくなれば、管理と同じように販売会社や売買仲介の専門会社がサポートしてくれます。

このように、投資のあらゆるフェーズにおいてプロが寄り添ってくれるのが不動産投資なのです。

そして、このような一連の業務をワンストップで対応してくれる弊社のようなタイプであれば、より迅速に、かつ取引の安全性の面でも高いサービスを受けられます。

このように不動産投資では、あらゆる面でプロのサポートを受けられるので、基本的にオーナーが行うのは「毎月通帳を見るだけ」です。

よく成功しているオーナーは「物件を所有していることを忘れる」といいますが、それほどまでに負担がかからないものなのです。

弊社のお客様でも「物件を購入後はどうなるのか」と悩まれている方は多くいますが、購入さえしてしまえば、弊社の物件なら空室がほとんど出ませんし、出たとしてもすぐに埋まるので、何か実働をしてもらったり精神的負担をかけたりすることは少ないと言えるでしょう。

実際、最初は恐る恐る1室からスタートした方も、運用時の負担のなさ、そして確定申告後の還付金の多さに驚いて、買い増しをしたいという人はたくさんいます。「大きな買い物だったけれども、家賃がしっかり振り込まれているし、税金も返ってきた。確かにあのコンサルタントが言った通りだった」と思っていただけたのでしょう。

こうしたリピーターのお客様は、こちらがお断りしないといけないレベルまで買われます。現状だと、年収1000万円以上の人なら年収の12倍までは借りられますが、厳密な部分に関してはその方の年収、職業、資産背景などによって異なります。

最初に購入する物件は、区分マンション1戸という方もいますし、最初から2、3戸まとめて、もしくは一棟ものを購入する方もいます。

ただいずれにせよ、年収が3000万円以上になると、区分1戸だけでは「もったいない」という印象です。というのも、3年分の還付金で1戸買えてしまうくらいのレベルだからです。

それだけの還付金があれば、次の物件の購入資金にしてもいいでしょうし、購入した物件の繰り上げ返済でも使えます。繰り上げ返済を併用することで、10年程度でローンが完済できて「タダで収益不動産が手に入った」といっても過言ではない状況になっている方もたくさんいらっしゃいます。

クレーム・事件・心理的瑕疵を防止する方法

収益不動産はペーパーアセットではなく、リアルアセットです。実際に物件があり、そこに住む入居者がいるわけです。そのため大きなトラブルとは別に、ちょっとしたクレーム・事件といったことは常日頃から起こる可能性があります。

ちょっとしたことに見えて、後で大きなトラブルや事故につながる可能性も大いにありますから、どれだけ小さなことであってもきちんと対応する必要があります。

とはいえ、オーナーが直接動いて対応することはありません。ここで頼りにしていただきたいのは管理会社による入居申し込み者への「目きき」です。

例えば、孤独死に対する対策です。孤独死で多いのは高齢者の死亡事故です。亡くなって何日も放置されることがあれば、その物件は「告知事項あり」という心理的瑕疵物件になってしまう可能性があります。

ここで皆さんにご紹介したいデータがあります。2015年に行われた国勢調査では一般世帯の34・6％にあたる1841万8千世帯が単身世帯でした。そのうち65歳以上が592万8千世帯でした。さらに65歳以上人口に占める単身世帯の割合を調べてみると2000年以降増加しており、2015年には17・7％というデータが出ました。

これはどういうことかといえば、65歳以上の6人に1人が一人暮らしをしているということです。国勢調査は5年に一度行われますから、今年の国勢調査の結果では、高齢単身世帯の割合はさらに増えているかもしれません。

この調査結果から分かることは、マンションオーナーにとって、高齢入居者も対応しておくべき存在だということです。

しかし、高齢入居者の問題といえば、やはり死亡リスクです。とくに身寄りのないお年寄りの一人暮らしに対しては不安があります。

世帯の種類、男女別65歳以上人口の推移

男女 年次	実数（千人）				割合（%）			
	65歳以上人口				65歳以上人口			
		うち単独世帯	うち社会施設の入所者	うち病院・療養所の入院者		うち単独世帯	うち社会施設の入所者	うち病院・療養所の入院者
総数								
平成12年	22,005	3,032	485	528	100.0	13.8	2.2	2.4
17年	25,672	3,865	826	539	100.0	15.1	3.2	2.1
22年	29,246	4,791	1,201	449	100.0	16.4	4.1	1.5
27年	33,465	5,928	1,572	409	100.0	17.7	4.7	1.2
男								
平成12年	9,222	742	113	164	100.0	8.0	1.2	1.8
17年	10,875	1,051	192	177	100.0	9.7	1.8	1.6
22年	12,470	1,386	280	161	100.0	11.1	2.2	1.3
27年	14,485	1,924	386	150	100.0	13.3	2.7	1.0
女								
平成12年	12,783	2,290	371	364	100.0	17.9	2.9	2.8
17年	14,797	2,814	634	362	100.0	19.0	4.3	2.4
22年	16,775	3,405	921	287	100.0	20.3	5.5	1.7
27年	18,980	4,003	1,186	258	100.0	21.1	6.2	1.4

出典：平成27年国勢調査　人口等基本集計結果

そこで、弊社ではそのようなケースに対して孤独死保険をかけることを提案している場合があります。この保険は物件で万が一、孤独死が起きた場合の修繕費用と、孤独死があった結果、入居者が入らなくなった期間の家賃を保証してくれる内容になっています。

もちろん、自分の所有する部屋で事故は起こってほしくありませんが、孤独死保険をかけることで最低限のリスクヘッジは可能となります。

第7章

顧客の事情に合わせた
アスライフの売却戦略

売却を完了するまでは真の利益確定ではない

不動産投資を行う際に「収益不動産を買うまで」に注力する方も少なくありません。収益不動産を活用した不動産投資では、物件を買うのがゴールではなくてスタートなのですが、そこの部分を誤解されている方も多いような印象を受けます。

さらにいえば、物件を稼働させることは通常のことであり、それも目的ではありません。目的は収益不動産で収入を得ること、資産を形成することです。

そして収益不動産を売却したとき、それが本当のゴールです。株式投資や投資信託であっても同様だと思いますが、含み益であっても含み損であっても保有時には利益も損益も確定されていないのです。

不動産投資においてもその考え方は同じで、売ったときにきちんと利益が出て初めて投資の成功と言えます。

終わり良ければすべて良しです。

「損知らず」の収益不動産戦略家になるための方法

不動産投資を行ううえで失敗してしまう例としていくつかありますが、特に「利回り重視」のケースです。

一般的に「高利回り＝駅から遠い、築が古い、立地が悪い」と思いがちですが、最終的に投資の成否を握るのはシミュレーションの精度の高さです。どんな物件を選ぼうとも、自分の求めている条件を満たし、自分の属性を最大限に発揮できて、かつ利益を最大化できるのが不動産投資の成功です。

したがって、利回りが高ければ成功するわけでも、物件の所在地が超一流だから成功するわけでもないのです。あくまで投資である以上、数字に基づいた判断が何より重要です。

主観で考えずコンサルタントの意見も聞いて慎重に判断して下さい。

売却時のコストと手続きおよび注意点について

収益不動産を売却する際にかかる費用は左記のとおりです。購入時の諸費用に比べて費用がかからないのが特徴です。

●売却時にかかる費用

・仲介手数料
・印紙税（売買契約書に課税）
・登記費用（抵当権抹消などの費用、司法書士報酬）
・金融機関への繰り上げ返済手数料

注意点としては税金があります。本書では節税対策として減価償却の有用性について解説してきましたが、減価償却を行うことで簿価が下がっていきます。
不動産売却にかかる税金は、売却金額から簿価を引いて、さらに売却にかかるコストを差し引いた利益に対して課税されます。

売却金額－簿価－売却にかかるコスト＝利益

簿価についておさらいすれば、簿価とは帳簿上の価格のことで、取得金額のほか、建物部分から、毎年減価償却を行った金額を差し引いた残額となります。この利益に課税されるのですが、法人と個人によってかかる税金が変わります。

法人であれば法人税、個人であれば譲渡税がかかります（58ページ参照）。

ＬＴＶ（Loan to Value）について～債務超過にならないために

ＬＴＶ（Loan to Value）は不動産投資における借入比率のことを指し、物件全体から見る借入金の依存度を見極める指標です。計算式は以下となります。

LTV（%）＝負債÷物件価格

金融機関から借入をしてレバレッジ効果を期待する際に使われる基準の一つで、LTVの数値が低い場合にはローリスクローリターン、対照的に数値が高い場合はハイリスクハイリターンの傾向があります。

（例）価格が3000万円の不動産に、1800万円の借入金がある場合のLTV
LTV＝1800万円÷3000万円＝60%

右記のように3000万円の価値を持つ不動産を、1800万円の借入れをして所有している場合のLTVは60%になります。

LTVへの考え方は十人十色ですが、一般的に不動産投資におけるLTVは80%以下（頭金として20%以上支払っている状態）が安全と考えられており、LTVの割合が低い物件（自己投下資金の投入割合が多い物件）のほうが、金利が低く有利な条件での融資を組みやすい傾向にあります。

また、この比率は金融資産や家計ＣＦ（家族構成を勘案した）など人によってばらつきが出るためコンサルタントとしっかり打ち合わせをしたいところです。

第 8 章

収益不動産活用で安定運用を実現した経営者・高額所得者たち

事例①

都心一等地に区分36戸を所有し稼働率100％を維持

O様〈産婦人科開業医・40代（女性）〉

職業：開業医
運用している収益不動産：区分マンション36戸
年収：6000万円
収益不動産活用の目的：節税＋不労所得の確保＋経営の安定化
アスライフを知ったきっかけ：信頼できる知人からの紹介

O様は産婦人科のクリニックを営む開業医です。経営が非常に順調で役員報酬も6000万円ほどあります。

ただし、50歳を目前に「このまま日々のハードな業務を続けていくことができるのか」という体力面での不安と、多大な税金の負担に頭を悩ませていました。

そのような状況にあるとき、たまたま友人である同業の医師が「収益不動産を活用している」ことを知り、O様も不動産投資に興味を持たれたようです。

そして「良い担当者を知っているので一度、話だけでも聞いてみたら」とご友人に誘われ、弊社へご紹介いただきました。

節税と不労収入の確保に舵を切る

O様が担当者と会い、具体的な話と効果シミュレーションを確認したのが2017年の11月下旬でした。

その年の役員報酬も5000万円を超えて、確定申告を意識したタイミングも重なり、まずは節税のために区分マンションを5戸取得しました。そして年初に追加で5戸取得し合計で10戸の収益不動産オーナーになりました。

2018年度の確定申告で所得税と住民税が軽減され、翌年はさらに節税効果が検証されました。次は不労収入も意識したポートフォリオの強化ということで規模を拡大し、結果として36戸のマンションから月に342万円の賃料収入を得る状態になっています。

今後は資産の組み換えも含めて、売却と取得を繰り返してより強固なポートフォリオの構築と経済的に心配のない老後の生活設計を進めています。

事例②

節税還付金で再投資し芋づる式で資産拡大

K様〈外資系IT企業勤務・30代（男性）〉

職業：外資系IT企業営業
運用している収益不動産：区分マンション13戸
年収：2000万円
収益不動産活用の目的：節税＋将来の私的年金＋再分散投資
アスライフを知ったきっかけ：グーグル検索

Ｋ様はアメリカのシリコンバレーに本社を置くＩＴ企業で営業の業務に携わっています。成果報酬主義の顕著な外資系では、営業成績による歩合給与の割合が大きく給与の波が激しいのがＫ様の一番の心配事でした。

同時に高い税金の可処分所得への圧迫に頭を悩ませていました。そして「このままでは何のために働いているのかが分からない」と一念発起、アスライフ主催のセミナーに参加をすることにされたそうです。当時、第二子が誕生したこともあり、今後のライフプランを考えたとき、投資は必須だと認識されたことも後押しになったそうです。

人生は働くためにあるのではなく楽しむためにある

K様と担当者が初めて会話をした際、K様の人生に対する理念が「今まで働いてばかりであっという間に30代が終わろうとしている。別に働くために生まれてきたのではない。楽しみながら年を重ねていきたい」というものでした。

また、合理的な資産形成を追求していきたいというコンセプトから節税も可能な不動産投資に着目されたそうです。

「セミナーを講聴して、この投資手法であれば自分のライフスタイルに無理なく対応できると感じました。現実的には本業も大切なので、モチベーションのバランスを取りながら行いたいと思い個別相談を希望しました」

とK様はおっしゃいます。また、K様は投資信託や有価証券にも関心があるということでしたので、節税スキームで還付金を得てその還付金で再投資をするという方法をお勧めしました。

これであれば資産のリスク分散にもなり、再投資の利益でさらに株式などに投資をして芋づる式に資産を拡大させています。目標は50歳までに会社員で資産3億円を目指し、区分マンションも現在の13戸から20戸まで拡大する方針です。

事例③

区分40部屋で安定収入を確保し事業に専念

S様〈海外衣料輸入経営者・50代（男性）〉

職業：アパレル会社の経営
運用している収益不動産：区分マンション40戸
年収：8000万円
収益不動産活用の目的：法人としての収益安定確保＋節税
アスライフを知ったきっかけ：セミナーの広告を見て

S様は海外へ出向き衣料品を中心に買付をして国内の業者に卸すアパレル会社の経営者です。本業の売上は15億円で経常利益は2億円、従業員数は25名でご自身の役員報酬は8000万円です。

課題は「本業で得た利益を会社にどのように残していくのか」。加えて、ご自身の老後対策も行いたいとのことでした。

輸入業者の弱点は為替です。円高にふれてしまうと利益が思うように伸ばせません。外部影響を受けやすい職種ならではの悩みかもしれませんが、漠然とした売上への不安から少しでも解決できる方法として収益不動産の活用を導入し、今では家賃収入が会社の運用コストを支えています。

今後は収益不動産の買い替えとさらなる規模の拡大による安定経営

セミナー参加時のS様の収益不動産の保有数はなんと「ゼロ」でした。

「40戸まで増やせたのはアスライフさんの地道なサポートのお陰ですね」と今ではおっしゃってくださいます。

弊社がアライアンスを組む税理士・中小企業診断士なども交えてビジネスモデルの

仮説と検証を繰り返しながら、S様の会社には「不動産事業部」が生まれました。実際、40戸まで増やすのにさまざまな選択肢があり、ご面会による打ち合わせの多さは弊社の顧客のなかでも随一かと思います。「本業利益を合法的に減価償却費用の計上で圧縮して、会社に利益を残すのは合理的だね」ともおっしゃってくださいます。

しっかりとした安定収入を得るという目的は叶いつつあるので、次のフェーズとしては従業員にも還元できるレベルとして年間家賃収入を1億円に設定しています。今後は減価償却費の耐用年数を超える物件を買い替えしながら、資産価値の高い案件も組み込んでいく計画です。

事例④

区分9部屋で節税と年間家賃収入600万円を確保
H様〈公務員・40代（男性）〉

職業：公務員
運用している収益不動産：区分マンション9戸
年収：1000万円
収益不動産活用の目的：老後の私的年金＋節税＋生命保険効果
アスライフを知ったきっかけ：友人からの口コミ

事例の最後にご紹介しますのは、公務員のH様です。公務員で普段は某有名進学校で数学の教師をしています。弊社との付き合いは、弊社セミナーに参加した友人の方から内容を聞き、興味を持たれてセミナーへご参加いただいたのがきっかけです。

それまでは投資信託と積立の生命保険、株式投資では個別銘柄を少額で売買するというのがH様の投資スタイルでした。親戚がアパート経営していて何となく不動産投資は気になっていたものの日々の仕事でなかなか踏み込めずにいたそうです。

家族を守るための資産作りをしたい

「公務員になってからまずは手堅く定期貯金からスタートして家族ができて生命保険の積立も開始。まもなく投資信託などの株式投資もデビューしました」

というH様。ただ何か物足りなさは感じていたそうで、「さらに安定的な仕組みは作れないものか」「万一のときに家族を守れる資産形成を本格的に始めなくては……」という想いから面会はスタートしました。

自己資金が2000万円ほどあり、その半分で金融機関からの借入を利用してレバレッジ効果を狙うという投資スタンスで方向性を決めました。ご面会時には奥様にも同席していただきリスクの説明を重点的にして頭金も物件ごとに比率を変えキャシュフローのバランスもはかりました。

加えて第一ステージ（初期がん）の発見で残債がゼロになる団体信用保険も組み込んで万一にも備えています。

現在は節税の還付金とキャッシュフローを合わせて、年間家賃収入600万円を達成しています。満室稼働状況が連続で6年目を迎えるなか、さらに投資規模の拡大を目指しています。

おわりに ～進化し続けるアスライフ～

弊社のお客様には、外資系企業に勤めていて年収3000万円以上という方も多くいます。その方々が悩んでいるのは、給料が高くて所得税率も高く手残りが少ないということです。それだけ税金で引かれてしまうと、いったい何のために頑張って働いているのか分からなくなる……というのも当然のことです。

しかし、収益不動産を上手に運用すれば、かなりのレベルで節税できるようになります。私のお客様にも、年収1000万円の方が20室購入して、課税される金額がゼロになったという方がいます。本来であれば300万～400万円支払うはずの税金がゼロになるのです。もちろん、不正なことは何一つしておらず、正規の手順で節税しての結果です。

そして、不動産投資のメリットは節税だけでなく、きちんとキャッシュフローを出すことで資産形成ができ、かつ保険の役割も担うため、不足が懸念されている年金代わりにもなります。

弊社は今後、ＩＰＯ（上場）を目指しています。

オーナーの方々にとっても、収益計画は長期のものなので、なにより会社が安定経営して資産形成のパートナーが存続することが一番だと思っています。

そして激変する不動産業界で存続するためには、ＩＰＯして安定化・コンプライアンスの強化を図る必要があると考えています。

ＩＰＯを目指すということは、労務管理はもちろん、売り上げの基盤など厳しい審査をクリアしなければなりません。そういう意味でＩＰＯするということは、社会的安心の獲得につながるともいえるのです。

また、上場により調達した資金でオーナーの方々へサポートの充実も図って参りたいです。

弊社の社名「アスライフ」は「あしたの暮らしのために」という意味です。長い人生を、より豊かにしていただきたいと考えています。

オーナーの方々には、「家賃を少しでも多く取りたい気持ちは分かりますが、落ち着いてきたら家賃を少し下げて、例えば上京してきた若い人たちを応援するなど、社会貢献をしていただきたい」とお願いしています。

不動産賃貸業は、安定的に家賃収入を得るという投資的側面と、適切で良好な環境の住宅を提供して地域の貢献に携わるという側面があります。衣食住のうちの住を担っているわけですから、すべてビジネス的な観点で切り取れるわけではありません。

もちろん、最初のほうはオーナーも不安が多く、目の前のことしか見られないかもしれません。

しかし、ある程度資産が形成されて将来が見えてくるようになれば、自分の人生や社会を大きく見わたせるステージに行き着きます。

アメリカの富裕層はボランティア精神が強く、それが文化として根付いていますが、同じような社会になってほしいと思います。

不動産投資は長期にわたって行う投資ですので、パートナーである会社と末永く歩んでいくものです。だからこそ、「お互いに幸せになりましょう」という思考が必要だと思います。

巷によく見られる区分マンション投資のほとんどが利益が出るどころか持ち出しが発生するような赤字物件ばかりですが、弊社はしっかり儲けの出る物件で、お客様の資産形成のサポートをさせていただきます。

目指すのはお客様とのＷｉｎ-Ｗｉｎの関係です。どちらか一方だけが得をするのではなくて、ともに繁栄して伸びていくような信頼関係を築き上げたいのです。

本書を通じて、新たなお客様との出会いがあり、一人でも多くの不動産投資成功者を世に送り出したいと願っています。

坂口 浩聡（さかぐち ひろあき）アスライフ株式会社 代表取締役

不動産投資用のコンサルティングとして1000戸以上の売買実績を積んだのち、独立。

自身も100戸以上の不動産を所有する兼業オーナー。

2018年にはエクィティファイナンスを受け株式上場を視野に入れた経営をおこなっている。

投資用不動産で一番大切な管理に力を入れて管理会社を設立し管理戸数1500戸を超える管理会社代表でもある。

坂梨 愛（さかなし あい）アスライフ株式会社 執行役員

宅地建物取引士、賃貸不動産経営管理士、ファイナンシャルプランナー。

2018年にアスライフに執行役員として入社。大手賃貸会社にて仲介と管理業務の実務を20年経験。仲介応対数3000人以上。

オーナーコンサル1000人以上で破産者は「ゼロ」と安定の実績を持つ。

本書についての
ご意見・ご感想はコチラ

なぜ、エグゼクティブは
アスライフで不動産《ふどうさん》を買《か》うのか？

2020年4月1日　第1刷発行

著　者　坂口浩聡
　　　　坂梨 愛
発行人　久保田貴幸

発行元　株式会社 幻冬舎メディアコンサルティング
　　　　〒151-0051　東京都渋谷区千駄ヶ谷4-9-7
　　　　電話　03-5411-6440（編集）

発売元　株式会社 幻冬舎
　　　　〒151-0051　東京都渋谷区千駄ヶ谷4-9-7
　　　　電話　03-5411-6222（営業）

印刷・製本　瞬報社写真印刷株式会社
装　丁　三浦文我

検印廃止

Printed in Japan
ISBN 978-4-344-92665-3　C0034
幻冬舎メディアコンサルティングＨＰ
http://www.gentosha-mc.com/